Rejoice evermore

한 희 순

_____ 경께

어린날의 나를 담다
강남구 하일동 659번지

책 이야기 _

잠시 바쁜 손을 내려놓고
어린 날 뛰어놀았던 그곳으로 가본다.

    나의 살던 고향인 강남구 하일동 659번지는 하일동의 시작인 첫 번째 집이다.

    시간을 거꾸로 놓아본다.
    삼분의 일은 고향인 하일동에서 살고, 삼분의 이는 결혼해서 현재 철원에 살고 있다. 그 중에 어릴 때의 좋은 추억은 내 삶의 밑거름이 되었으며 늘 기분이 좋았고 행복했다.

    그런 어느 날 펜을 잡고 한 달여간, 하루에 몇 개씩 추억을 꺼내 보니 한 권의 책이 되었다. 담담하게 써 내려간 추억이 한 권의 책으로 나온다고 생각하니 마음에서 책으로 옮겨 놓은 듯하다.

    70~80년대 이야기
    내가 살았던 강남구 하일동 659번지는 하일동에서 첫 번째 집, 싸리문을 열고 마당에 서면 탁 트인 곳이 모두 논이고 산이다.

오른쪽은 고덕동이, 앞쪽엔 상일동이 멀리서 어렴풋이 보이고 그곳엔 내가 다니던 초등학교가 있다. 멀리 왼쪽으로는 마을과 황산을 지나서 신장으로 갈 수 있었다. 고덕동에서 여러 동네와 작은 야산을 지나면 명일동이다. 어릴 때는 이 길을 모두 걸어서 산을 몇 개씩 넘고 마을을 지나서 개울을 넘어 논길을 수없이 다녀야만 했다.

그렇지만 1983년부터 개발 제한이 풀리면서 마을 사람들이 뿔뿔이 흩어졌다.

정든 곳을 나오고 이제는 옛 정취를 찾아볼 수 없는 고향이 내 마음으로 들어왔다. 마음이 한 권의 책이 되었다. 다시 살아가라 한다면, 하일동에서 살았던 어린 시절로 돌아가 보고 싶다. 그 시절에 부모님과 형제들 그리운 선생님과 친구들이 유난히 오늘따라 많이 그리워진다.

사랑하는 남편과 딸의 애정으로, 정춘근 선생님의 도움으로, 애플북 김미혜 대표님의 배려로 이 책을 세상에 내놓아 본다.

잠시 바쁜 손을 내려놓고 어린 날 뛰어놀았던 그곳으로 가본다.
아울러 이 책을 읽어 주시는 많은 소중한 모든 분들에게 두 손 모아 감사와 행복을 선물하고 싶다.

2025년 이월에

차례

1부
할미꽃

14 잠꾸러기

15 도롱뇽

16 아카시아 꽃

18 청개구리

19 모내기 줄잡이

20 옥수수 장사

22 소 새끼 낳던 날

23 수박서리

25 토끼

26 뱀

27 외할머니와 뱀

28 물난리

30 뜸부기

31 용돈

32 볏짚

34 돼지

36 산소

38 제비

40 할미꽃

41 고집

2부
딱지치기

44 딱지치기

46 뼬기

47 씨름

48 개구리

49 죽은 뱀

51 자치기

52 망까기

54 미사리 강

55 예방주사

57 땅 따먹기

58 잠자리

60 깡통 돌리기

61 구슬치기

62 깍두기

64 핀치기

65 썰매

66 무궁화 꽃이 피었습니다

67 사슴벌레

68 널뛰기

69 그네

70 연날리기

차례

3부
원기소

72 텔레비전

73 꼴찌에서 일등으로

75 아궁이

77 개울

78 책갈피

79 교과서

80 원기소

81 눈 위의 선명한 핏자국

83 술지거미

84 유리창

86 한오산 정상

88 계모

90 개한테 물린 일

92 떡장수 엄마

94 초등학교 이야기

98 친구 아버지 상 당하다

99 시험공부

100 만원 버스

101 아저씨의 짝사랑

102 우산

103 색동옷

104 엄마 놀이

4부
이불도둑

106 도마뱀
108 찐빵
110 알밤
111 가을걷이
113 이불 도둑
114 불이야 불
116 아줌마
118 고추 도둑
120 거지 할아버지
121 상여 집
122 들풀
124 호롱불
126 꿩
127 교회
129 문둥병
130 쥐약
132 젊은 새댁
134 순천이 언니
136 고구마
137 귀뚜라미
138 찔레꽃

차례

5부 아버지의 웃음

140 인절미

142 우리 집 재산 1호 황소

144 아버지가 준 용돈

146 동생의 보호자

149 밥 짓는 어머니

151 짐자전거

153 소 팔러 장에 간 날

155 연장

156 소여물

157 제사

158 송편 빚는 날

160 쑥개떡, 쑥버무리

161 벼 털기

162 김장

164 달구지

165 외할머니

166 내복 떠준 아버지

167 수제비

168 반가운 손님

170 아버지의 웃음

이 책의 해설 _ 173 외할머니 옛날이야기를 듣는 것 같은 시집 읽기

1부
할미꽃

잠꾸러기

"수니야 일어나 학교가야지.
 에구, 우리 애들은 잠이 많은지 몰라."
엄마의 소리가 잠결에 저만치서 들릴 때면 이불 속으로 더 파고든다.
공중으로 붕 떠올랐다가 차가운 마룻바닥에 다칠세라 사뿐히 내려놓는 아버지가 있다.
할 수없이 추위에 눈 비비고 일어난다.
엄마는 일하면서 말로 깨우지만 아버지는 다르다.
나를 번쩍 안아서 마룻바닥에 내려놓거나,
이불을 갤 때도 많다.
어느 날은 모기장을 걷으면
모기의 윙윙 소리가 싫어서 일어난다.
아침에 학교 가는 길은 힘들지만
부모님 덕분에 개근상을 탔다.

도롱뇽

아버지가 마을 뒤에 있는 깊은 산속을 가실 때 나도 자주 따라가고는 했다. 발걸음이 바쁜 아버질 미처 따라가지 못하지만 기다렸다가 손을 내미는 모습을 보면서 나를 혼자 두고 가지 않을 것을 알기에 천천히 산길을 오르내렸다.

아버지는 잠깐 사이에도 약초며 나물을 한 짐 지고 왔다. 계곡물이 고인 곳에 도롱뇽이 알을 낳아 놓은 것이 곳곳에 눈에 띄었다. 깨끗한 곳에서만 산다는 도롱뇽이 낳은 알은 미끄덩거리는 긴 줄 같은 것이 막으로 싸여서 안에는 검은 점들이 선명하게 보였다.

아버지는 알을 들어 올리면서 한 잎 베어 물고 나머지를 내 입속에 넣어 주면서 꿀꺽 삼키라고 했다.
얼떨결에 받아먹으면서 술술 넘어가는 알을 삼켰다.
어른이 되어서도 아버지가 주신 도롱뇽 알을 먹은 적이 있었는데 맛은 어릴 때나 지금에나 여전히 모르겠다.

아카시아 꽃

지금도 아카시아 꽃 향이 내 코를 시원하게 해준다.

세상이 아카시아 꽃 천지이던 어린 시절에는 10리, 20리, 30리, 40리도 더 많이 걸어 다녔다. 걷다 보면 배고픔에 꽃잎을 한 움큼씩 입에 머금고 아기작 아기작 씹으면 단맛에 금방 배고픔을 잊을 수 있었다.

아카시아 꽃길을 지나면 아버지가 일하는 원두막이 있다. 수박, 참외, 토마토, 복숭아, 자두 갖가지 과일에 야채에 먹을 것이 주렁주렁 달려 있는 이곳이 나의 먹거리 장터였다. 밭을 한 바퀴 돌면서 이것저것을 먹어서 배가 함지박만해지고... 어린 걸음에 지친 몸을 원두막에 기대서 졸고 있으면 아버진 모기장에 이불을 펴 주곤 했었다. 어스름 해가 기울 즈음에 낮잠을 푹 자고 있는 나를 아버지가 '톡톡' 깨웠다.

'일어나! 집에 가자'

자전거 짐칸을 푹신하게 아버지 옷을 깔아놓고 나를 번쩍 들어 올려놓았다. 흔들흔들 자전거 뒤에 타고 먼지 풀풀 나는 신작로 길을 따라 집으로 돌아올 때는 너무 신나서 콧노래가 절로 나왔다.

'동구 밖 과수원길 아카시아 꽃이 활짝 폈네
 하이얀 꽃 이파리 눈송이처럼 날리네'

자전거로 지나는 길엔 아카시아 향이 더 진하게 바람을 타고
마음 한구석이 가득 차오르는 기분이었다.

청개구리

어딜 가도 눈에 많이 띄었다. 산 밑이 바로 집이라 방에도 들어오고 방문만 열면 놀라서 불쑥 뛰는 것을 잡아서 손에 놓고 가만히 있으면 숨죽은 듯이 조용하다.

막내 남동생을 아버지 오십에 얻었다 해서 울 집 귀한 도련님이었는데 어릴 적 약하게 태어나서 엄마는 걱정을 했다. 어디서 들었는지 청개구리를 잡으면 아주 가끔 배추김치에 쌓아서 동생 몰래 먹이는 걸 보았다.

나도 동생에게 좋은걸 준다고 생각했고, 배추김치에 싸서 주면 동생이 곧잘 받아먹곤 했다. 나도 동생 따라 한 입에 넣고 꿀꺽 삼켜 보았던 적이 있다. 근거 없는 얘기가 예전엔 진실이었던 시절도 있었다.

'엄마가 하는 말은 다 맞아' 어릴 때는 그랬다.

모내기 줄잡이

모내는 날엔 아버진 나를 줄잡이로 임명했다.

동네 어르신들과 친구 분들이 대거 모이는 날은 동네 잔치였다.
엄마와 아줌마들이 와서 많은 음식을 했고 일하시는 분들도 동네 할아버지 할머니 애들도 모두 모여서 모내기 밥을 먹었다. 새벽부터 소란스러운 집은 잔칫집만큼 손님이 많았다.
양쪽에 줄을 잡고 수십 명의 사람들이 나래로 줄을 서서 모를 꽂으면서 노래를 했었다.
줄잡이인 나를 보고
'줄 띄어라, 똑바로'
'오른쪽으로 쪼금 더, 왼쪽으로 더 가봐라'라고 하면서 일제히 쳐다보면 왠지 쑥스럽다가도 신이 났다.

모를 모두 내고 일정하게 줄이 잘 마쳐져 있으면 한 것도 없이 뿌듯하다. 무언가 역사를 이뤄 놓은 거 같이 말이다.

어른들이 막걸리 한 잔하시면서 머리도 쓰다듬어 준다.
'오늘 줄 잘 띄었어' 하면서
그날은 내 어깨가 으쓱해지는 날이었다.

옥수수 장사

갑자기 아버지가 언니랑 같이 옥수수를 팔아 오라고 했다. 시장 한곳에 자리를 마련하고 한소쿠리를 쪄서 가져온 옥수수를 의자에 올려놓고 '다 팔기 전에는 들어오지 마' 하면서 아버지는 가버렸다.

언니는 겁을 먹고 울먹울먹 했었다.
"언니 얼른 팔고 가자"
"알았어"

용기를 냈지만 나는 모기 소리로 '옥수수 사세요' '맛있어요' 지나가던 아저씨가 웃으면서 와서 '크게 소리를 질려야지'라며 '옥수수 있어요, 아주 달고 맛있어요' 하고 '따라해 봐'했다. 그리곤 몇 개 사 가시면서 돈을 손에 쥐어주시면서 웃었다.

용기를 내서 소리를 크게 내보았다. 그날 많이 팔진 못했지만 용기가 생겼다. 어디선가 아버지가 우릴 지켜보다가 오면서 환하게 웃었다. '잘했어, 살면서 경험을 가지는 것은 좋은 거야. 용기가 필요할 때 주저하지 말고 앞으로 나아가야 해' 하면서 옥수수엔 관심도 없고 장에서 아이스크림이랑 먹을 걸 잔뜩 사주었다. 입가엔 미소를 지으면서 언니랑 나를 대견하게 바라보았다.

아버진 항상 현장에서 산교육을 시켜주었다. 아버지의 교육은 항상 무슨 일이 있어도 그 일을 헤쳐 나가야 한다고 했다. 그 사랑이 담긴 목소리들이 아직도 내 삶의 지표가 되고 있다.

'세상엔 많은 일들이 기다리고 있을 거란다.'
'좌절하거나 실망하지 말고 현실을 똑바로 보아라.'
'그러면 해결 방안이 보인단다.'

소 새끼 낳던 날

소가 배가 점점 불렀다. 오늘도 학교 갔다 오는 나를 아버지는 불렀다.
집 뒷산에 풀이 많은 곳에 소를 묶어 놓고 풀 잘 뜯어 먹나 보라며 '무슨 일 있으면 불러' 급하게 다른 일을 하러 갔다.

소 옆에서 나는 반지꽃으로 머리에 동그랗게 화관을 만들고 있었다. 가끔 소가 뭘 하고 있나 보면서 '음매음매' 자꾸 소리를 내길래 보았더니 갑자기 소 엉덩이 쪽에 새끼 다리가 조금씩 나오는 게 보였다. 급하게 아버질 불러도 대답이 없다.
당황해서 어쩔 줄 몰라 하는데 소가 배가 아픈지 껑충껑충 뛰기 시작했다. 야산이라 인적이 드물었다. 아버지가 하던 생각이 나서 새끼가 빨리 나오라고 뒤에서 다리를 잡고 당겨주었다. 난 소 엉덩이에 매달려 있고 소가 난리를 치니 줄이 풀렸다. 언덕길을 내리 달리는데 나는 소에 매달려서 한참을 끌려간 거 같다.
동네 어르신이 나를 보고 아버지를 불렀고 아버지가 어디선가 나타났다. 소는 아버질 보더니 멈추었고 조금 있으니 새끼도 낳았다. 다음엔 절대 하지 말라며 소가 뒷발질하면 다칠 수 있다고 했다.

다행히 다치진 않았지만 평소에 부모님을 보고 자란 것은 속일 수가 없었나 보다.

수박서리

낮이고 밤이고 놀 시간이 매일 모자라던 날

그날도 친구들이랑 동네방네를 다니면서 여느 날 같이 놀고 있을 때다.
어스름한 저녁에 술래잡기를 한참 하는데 배가 고픈 친구가 수박서리를 하자고 했다. 우리는 모두 '찬성'을 외치며 우리 고추밭 밑에 수박밭을 골랐다. 약간 어두워서 사람 식별이 가물가물했다.

모두 살금살금 가서 수박을 따서 깨 보는데 달지가 않아서 버리고 또 따려는데 "누구야! 이 녀석들 누가 수박밭에 들어갔어, 어디 걸리기만 해봐라! 호통치는 소리에 후다닥 뛰었다. 친구들은 도망을 가고 나는 넘어져서 밭에 배를 깔고 숨죽이고 있었다.

"이 녀석들, 걸리기만 해봐라. 에구 먹지도 못할 걸 제 따놓고 말야."
내 옆으로 아저씨가 지나갔다. 발에 밟히지 않으려고 수박 덩굴 속으로 숨었다. 들킬까봐 가슴이 콩닥콩닥 방망이질을 했다. 아저씨가 가고 나서 난 손발에 흙을 털고 일어났다. 친구들이 모여들면서 내가 걸린 줄 알고 물어봤다.
"아저씨가 뭐래? 많이 혼났어?"

걱정스러운 친구들의 얼굴을 보니 놀리고 싶은 생각이 들어서
"아저씨가 친구들 이름 말하면 용서 해준다고 해서 내가 너희들 이름 얘기 해줬어."
친구들은 사색이 돼서 집에 가면 부모님에게 혼날 걱정을 했다.
난 친구들을 놀리면서 "날 혼자 두고 도망가서 그런 거야. 친구를 챙겨서 같이 가야지." 했다.

미안하다며 모두 걱정을 한아름 안고 집으로 향했다.
뒷모습을 보며 난 마냥 즐거워 웃음이 나왔다.

토끼

아버지가 키워서 학비에 보태라고 토끼 한 쌍을 시장에서 사다주었다.

학교가 끝나면 집에 오자마자 망태기를 들고 토끼가 잘 먹는 풀을 뜯으러 다녔다. 젖은 풀도, 억센 것도 못 먹고 부드럽고 맛있는 것을 아버지가 알려주면 그것을 찾아 다녔다. 토끼 풀, 명아주, 비름나무 연한 순들을 따서 망태기 가득 채우면 어깨에 메고 왔다.

토끼는 내가 가면 쪼르륵 달려와서 팔짝팔짝 뛰었다. 뜯어 온 풀을 손으로 한 움큼 잡고 있으면 입을 오물거리며 참 맛있게 잘 먹어서 기분이 좋았다. 새끼를 낳아서 조금 크면 아버지가 팔아 와서 돈을 주었다. 한 달 육성회비가 150원부터 600원으로 가정 형편에 따라 정해져서 납부할 때라 그때 기억에 토끼를 판 금액이 600원을 받았던 기억이 난다.

토끼는 새끼도 서너 마리를 낳고 잘 키운다. 그 이후로도 꽤 오랫동안 키웠던 기억이 난다.

가끔 지금도 토끼를 친구처럼 키우고 싶다는 생각을 한다.

뱀

우리 집이 산 바로 밑이라 피해 가면서 다녀야 할 정도로 뱀이 참 많았다.

건넛방에 엄마가 하숙을 쳤는데 자개농을 만드는 아저씨들이 엄청 많았고 위계질서가 엄격했다. 기술자와 기술을 배우는 사람들은 주문이 없는 날엔 나와 같이 놀아 주었다. 그날도 땅속에 겨울잠을 자는 뱀을 잡으러 가자고 쌀부대 자루를 주며 쫓아오라고 했다.

한참 눈 덮인 산을 올라가는데 큰 바위 밑에 서더니 부지깽이를 주면서 굴속에 넣고 움직이라고 했다. 한참을 움직이니 아저씨가 자루를 입구에 대고 있으라고 했다. 꾸물꾸물 움직이는 시꺼먼 뱀이 나와서 자루로 들어갔다.

겨울잠을 자던 뱀이라 움직임이 둔했던 기억이 났고 어느 정도 채워지니 그걸 메고 내려가자고 했다. 아저씨들과 같이 자루를 메고 산을 내려왔다.

뱀 잡는 것은 아저씨들과의 놀이일 뿐이었다.

외할머니와 뱀

할머니 손에서 자란 나는 엄마 아버지보다 할머니를 더 많이 좋아했다. 늘 치맛자락을 잡고 다녔다. 부모님은 일이 많고 너무 바빠서 어린 기억에 잘 때나 아침밥을 먹을 때 외엔 본 기억이 잘 나지 않았다.

그날도 할머니 무릎에 누워서 장난을 치며 놀고 있을 때다. 갑자기 할머니가 댓돌을 '톡톡' 치면서 "이놈 저리 안가, 저리 가, 딴 데 가서 놀아라." 갈 때까지 '톡톡' 쳤다. 난 일어나면서 "할머니, 왜 그래?" 하고 물어 봤는데 싸리문 안으로 뱀이 들어오는 걸 본 할머니가 뱀을 쫓고 있었던 것이었다. 뱀은 싸리문 앞에서 고개를 쳐들고 가만히 있다가 천천히 돌아서 갔다.

말 귀를 알아들었는지 울긋불긋한 뱀이 고개를 틀어서 문을 지나가는 걸 보면서 신기해서 쳐다봤다.

산 밑이 집이라 그런지 뱀을 보는 일은 흔했다.

물난리

우리 집은 동네 첫 집이면서 뒤에는 모두 산이었고 앞에는 마당이 있고 그 밑으로는 다 논이었다.

집이 높이 있어서 동네가 다 보였는데 어느 날 마을에 물난리가 나서 돼지며 살림살이가 우리 집 앞으로 떠내려가고 있었고, 물살에 모두 안타깝게 바라만 보고 있었다.

물이 잠긴 집에서 간신히 이불보따리만 챙겨서 피난을 온 마을 사람들 때문에 집은 북적북적했다.

물이 빠질 때를 기다리면서 엄마는 음식을 만들고 잠자리 만들어 주냐고 바빴다. 저녁을 먹고 옥수수, 감자를 가마솥에 한 솥 쪄서 먹으면서 아줌마들은 툇마루에 앉아서 걱정을 한다. 아저씨들은 마당에 불을 피우면서 막걸리 한잔에 시름을 놓았다.

그렇게 쏟아지는 비도 점점 그치고 무서운 물살도 약해져 서서히 벼가 보일 때쯤 논 밭 걱정에 살림살이 걱정에 모두 집으로 돌아갔다.

다시 조용해진 집에서 엄마는 손님 치른 뒷정리에 손이 열이라도 모자란 듯 쉴 새 없이 심부름을 시켰다.

지금 생각해 보면 집 앞 마당에 물이 차서 돼지가 떠내려가는 게 제일 불쌍

하고 마음이 아팠다. 무서운 황토빛 물살에 꽥꽥 소리를 지르던 돼지를 구해 주지 못해서 미안했다.

그런 해엔 쌀도 밭에 농작물도 수확이 많이 줄어서 더 어려운 시절을 보내야 했다.

뜸부기

"밥 먹고 기다리고 있어"
"네"

뜸부기를 잘 잡는 오빠가 오늘 저녁에 새 잡으러 가자는 소리다.

엄마 몰래 신발을 밖에 놓고 오빠의 휘파람 소리가 들리는 한밤중이 되면 미리 새 그물을 쳐 놓은 곳에 간다. 논바닥에 배를 깔고 한 손에 새 그물 끝에 메어 놓은 끈을 잡고 신호를 기다린다. 나무 위에 올라간 오빠는 새가 들어오면 "당겨!" 그러면 나는 그 소리에 잽싸게 줄을 당긴다.

뜸부기는 엄청 빠르기에 못 잡을 때가 더 많지만 잡을 때도 종종 있다. 엄청 귀여워서 보고만 있어도 즐겁다. 까만 어미 새 옆에 줄지어 논사이로 다니면 보일 듯 말 듯 너무 귀엽다.

바로 집 앞 논이라 엄마가 부르는 소리가 나도 못 들은 척 땅에 코를 박고 있다. 오빠가 빨리 가자고 재촉하면 할 수 없이 집으로 돌아왔다. "내일 또 불러. 오빠 안녕!" 아쉬움을 뒤로 한 채 내일을 기다린다.
어린 날 보았던 그 많은 뜸부기는 어디로 간 걸까?

용돈

할머니는 학교가기 전에 항상 엄마 몰래 나를 부른다. 끝나고 오면서 맛있는 거 사 먹으라고 얼른 가져가라며 오십 원을 손에 쥐어 주었다.

학교가 끝나고 나오면서 문방구에서 십 원주고 떡볶이를 사서 맵지만 계속 국물을 찍어서 빨아 먹었다. 떡에 국물 찍어 먹는 건 아줌마가 뭐라고 하지 않았다. 그렇게 떡볶이를 먹고 아이스크림을 십 원을 주고 사서 혀로 핥아서 아껴서 빨아 먹는다. 혀가 까맣게 변하도록 먹고 또 먹어서 얼얼할 정도였다.

십오 원을 더 주고 캐러멜을 사서 주머니에 넣었다. 주머니를 만져보니 든든하다. 그래도 십오 원이 남아서 '내일 사 먹어야지' 콧노래를 부르며 집으로 돌아왔다.

배도 부르고 발걸음도 가벼워서 평소엔 먼 길이지만 군것질을 한 날은 가깝게 느껴지던 날이다.

볏짚

가을 추수가 다 끝나면 다음 해에 쓸 가마니나 새끼줄을 꼬았다.

볏짚에서 좋은 것들을 골라 차곡차곡 쌓아 놓는다.
한 쪽에선 엄마가 가마니틀에 짚을 가지런하게 차곡차곡 넣으면서 수동 자동을 번갈아 손을 움직인다.
기계를 툭하고 왔다 갔다 하면 금방 한 줄이 짜여졌다.

"엄마, 나도 해 볼래."
"에구 바뻐, 나중에 해." 그래도 옆에서 조르면 "조금 더 크면 해. 위험해" 하면서 나를 밀어 놓는다.

아버진 이리 오라며 새끼줄 꼬는 걸 가르쳐 준다고 한다.
옆에 앉으면 우선 다리 사이로 지지대를 삼아서 짚을 누르고 손으로 비비 꼬면서 새 짚 넣는 걸 반복하란다.

손에 힘이 없으니 새끼줄이 매끄럽지도 않고 엉성해서 풀리기만 한다.
'삐뚤빼뚤' 멍석 짜는 일도 새끼줄 꼬는 일도 재미가 없어진다.
아버지가 꼰 것은 곱고 일정하며 탄탄하고 예쁘다.

"저기 가서 쌓아놓은 볏짚 좀 가져와"
심부름이 내가 할 일이다.
시큰둥하게 대답한다.
"네"

그렇게 날 새는 줄 모르게 밤늦도록 일을 하는 부모님을 보면서 얼른 커서 부모님 일을 덜어 주고 싶었다.

돼지

동물농장인 우리 집은 새끼 낳는 날은 식구가 모두 바쁘다.

밤새 새끼를 낳기에 아버지는 어미 옆에서 새끼를 받아서 대충 입이랑 숨구멍을 닦아서 주면 난 옆에서 한 번 더 깨끗이 닦아준다.

보통 열대여섯 마리 정도를 낳는데 따듯한 방에다 떼어 놓는다. 어미는 덩치가 커서 누울 때 새끼를 깔아 죽이기 때문에 챙겨 주어야 한다. 또 어미가 새끼를 편하게 낳게 하기 위한 배려이기도 하다.

몸을 자유롭게 움직이질 못하기에 사람이 일일이 챙겨주고 분리시키고 돌봐주어야 한다. 고집이 세서 엄마 배 속에 있었을 때 먹었던 젖이 아니면 잘 안 먹는다.

어미가 힘을 주면서 방구소리가 '뽕뽕' 날 때마다 새끼가 툭 튀어 나온다. 아버지는 배를 자꾸 쓰다듬어 주면서 "배가 아파 어쩌누, 에구 애쓴다 얼른 다 낳아야 편할텐데." 하며 안쓰러워한다. 밤새 새끼를 낳고 나면 새끼들은 배고프다고 운다.

아버지가 배를 쓰다듬어 주면 다시 눕는다. 방에 있던 새끼를 모두 어미 옆에 놓아주고 젖을 잘 먹나 못 먹는 놈이 있나 잘 살핀다. 처음 물었던 젖이 아니면 먹지 않기에 아버지는 신경을 쓴다. 서로 머리를 처박고 엄청 잘 먹는다. 어미는 힘든지 일어나려 하지만 새끼들은 아랑곳 하지 않는다. 어미의 고된 시간의 시작이다.

다음 날 낮에 아버지는 나보고 새끼 한 마리씩 움직이지 않게 꼭 잡고 있으라고 한다. 어미젖을 물면 상처가 날 수가 있어서 앞니를 벤치로 잘라준다. 한 달 정도 지나면 젖을 떼면서 어미 옆에서 밥도 먹고 장난도 치면서 잘 자란다.

새끼들은 너무 귀엽고 얼마나 부지런한지 쉬지 않고 움직인다.
포동포동 오동통 아기 돼지가 우리 집 재산이다.

산소

1.

문중 제사를 지내던 집이라 삿갓 쓰고 하얀 도포자락을 휘날리며 수염을 쓰다듬고 나타나는 할아버지들이 일 년 내내 줄지어 집을 찾아와서 제를 지낸다. 산소는 늘 풀을 깎아서 깨끗하게 정리정돈이 잘 돼 있다. 집 뒤가 모두 밤나무, 소나무, 상수리나무 등 온갖 나무 사이에 산소와 비석이 즐비하다.

부모님은 손님 치르는 일에 늘 바쁘다.

신문지 두어 장, 약간에 간식을 가방에 넣어서 메고 뒷산에 오른다. 나무사이로 시원한 바람이 불고 코끝으로 전해져 오는 향긋한 향에 기분이 마냥 좋아진다.

2.

바위에 걸터앉아 어제 제를 지낸 약과와 과일을 간식으로 먹다가 산등성이를 한 바퀴 돌고 오솔길로 내려와서 응달진 곳에 이른다.

'어디서 낮잠을 자고 갈까' 두리번두리번거리다 잘 다듬어진 산소 위가 눈에 들어온다. 아무에게도 방해받지 않는 이곳이 나의 명당자리다. 깨끗해서 벌레나 뱀이 눈에 잘 보이기에 잠자기엔 적합하다. 신문을 깔고 벌러덩 눕는다. 햇살 속에 보이는 파란 하늘은 높고 넓다.

어느새 잠 속으로 빠져든다.

포근한 잠을 잘 자고 나서 옷을 '툭툭' 털고 일어나면서 산소를 쓰다듬고 '고마워요, 덕분에 잘 잤어요. 또 올게요.' 인사를 하고 오솔길을 내려온다.

할머니가 산소 옆에서 잠을 자면 산소 주인이 지켜 준다는 말을 한 것이 생각난다.

제비

해마다 강남에서 돌아온 제비는 올해도 새끼를 낳았다.
몇 번을 떨어져서 아버지는 둥지 속에 넣어준다.
텃밭에 배추벌레를 잡아다가 새끼 입에 넣어 주었다.
키가 작은 나를 번쩍 들어 어깨에 목마를 태워 주었다.
새끼는 먹이를 주는 줄 알고 입을 벌린다.
잠자리를 많이 잡아서 병 속에 넣어 놨다가 한 마리씩 입 벌리는 대로 입에 넣어줬다.
제비는 약속을 잘 지켰다.
제비가 갈 때가 되면 온 식구가 '내년에 또 만나'
손을 흔들어 준다.
해마다 오지 않은 적이 한 번도 없다.
늘 와서 새끼를 몇 마리씩 낳아서 정말 잘 키워서 데리고 갔다가 또 온다.
할머니는 제비가 똥을 많이 싸서 밑에다가 널빤지를 받쳐 놓았다.
"기특해 올해도 왔어 잃어버리지도 않고 잘 왔어. 새끼 잘 낳아서 잘 키워 데려가렴." 한다.
서로 약속이나 한 듯이 몇 달을 세도 안내고 살다가 말없이 간다.
대화가 통하지는 않지만 제비는 의지가 되나보다.
우리가 새끼를 만져도 가만히 있다.
새끼를 내려놓고 벌레를 잡아주고 가만히 쳐다보다 다시 올려놓는다.

제비가 있는 날은 밖에를 덜 나간다.

새가 너무 예뻐서 고개가 빠지도록 쳐다본다.

아버지는 사람 손 때 타면 어미가 안 키운다고 만지지 못하게 한다.

아주 많이 졸라야 한 번 내려주지만 잘 날지도 못하고 움직이는 게 너무 귀여워서 한 없이 보고 또 본다.

솜털도 나지 않은 작은 새이지만 금방 까매지고 날개에 힘이 더해지면 날아가는 연습을 하다가 떨어진다.

그러던 아기 새가 나갔다 오는 시간이 조금씩 길어지면 이제 갈 때가 되었다는 신호다.

"정주지 마라 정주지 마"

할머니는 넋 놓고 새를 보고 있는 나를 보며 얘기한다.

할머니는 잘 알고 있다.

금방 떠난다는 걸 말이다.

어느 날 학교에서 돌아 왔는데 조용하다.

할머니에게 물었더니 "아까 집을 몇 바퀴 돌더니 인사하고 갔어. 내년에 또 온대." 하고 웃는다.

제비가 날아간 하늘을 바라보면서

어른이 되면 남쪽나라를 한번 찾아가보고 싶다는 생각을 했다.

할미꽃

우리 집 뒷산엔 유난히 산소가 많았다.

문중 제사 지내던 집이라 산소가 많았지만 나의 유일한 놀이터이기도 했다. 산소 옆 그늘진 외진 곳엔 한 무더기씩 군데군데 군락을 이룬 할미꽃이 피어있었다. 힘없이 하늘하늘거리는, 색감은 화려하지만 왠지 굽은 등이 우리 외할머니를 닮아서 나를 슬프게 했다.

신문지 두어 장을 깔고 벌러덩 뒤로 누우면 세상이 내 것이었다. 파아란 하늘은 나를 빨아들이듯이 금방 잠 속으로 빠져들게 했다.

깊은 잠을 자고 나서 기지개를 켜면서 일어나면 외할머니가 나를 반겨주듯 할미꽃이 함빡 웃고 있었다.

내 마음 속에 할머니가 항상 있는 것처럼 그곳에 할미꽃들이 지금도 피어 있을 것 같다.

고집

전날에 준비물이나 살 것을 이야기하면 아버지는 돈을 안 준 적이 없다.
이른 아침 미처 얘기 못한 언니가 돈을 달라고 학교 안 간다고 울고 있다.
여동생은 학교 가기 싫다고 운다.
아수라장이다.
부지깽이를 든 엄마와 말리는 외할머니
울고 있는 언니와 동생
상황파악을 하며 나는 기분 좋게 집을 나선다.
"학교 다녀오겠습니다."
무섭게 야단치는 엄마와 부지깽이로 맞느니
인격적인 선생님한테 혼나기로 한다.
선생님은 "손바닥을 몇 대 맞을래?
복도에서 무릎 꿇고 손들고 앉아 있을래?"
공부하기 싫은 날은 복도로 나가거나
손바닥 몇 대 맞을 때도 있다.
난 인격적인 선생님이 백번 생각해도 좋다.

2부
딱지치기

딱지치기

집안에 종이는 모두 접어놓는다.
빳빳할수록 좋았다. 크고 단단할수록 이길 수 있다. 윗방에 가득 쌓아놓고 들고 나가면 언제나 친구들이 기다리고 있었다.
놀이 중에 딱지치기가 단연 으뜸이다.

그날도 친구들 것을 많이 딴 날이었다.
딱지를 한 자루 어깨에 메고 오는 데, 팔이 덜렁덜렁 제 맘대로 움직였다. 왜 그런 줄 모르고 잠을 자려는데 몸은 움직이지만 팔은 나를 따라 움직이지 않았다.

"엄마 팔이 제멋대로 움직여."
엄마가 팔을 만져 보더니
"어머, 애 팔이 빠졌네!"
급하게 나를 침쟁이 할아버지한테 데리고 갔다.
할아버지는 내 팔을 몇 번 당겨서 좌우로 몇 번 움직이더니
"이젠 괜찮아. 또 빠질 수 있으니 조심해라."

그래도 난 딱지치기의 묘미를 버릴 수가 없었다.
또래보다 키가 작았던 나는 순발력보다 장점인 지구력으로 끈기 있게 승부

를 걸어서 잘하는 놀이 중 하나였다.

　상대방 딱지를 딸 때가 재미있기도 하지만 다 끝난 뒤에 잃은 아이들에게 나눠줄 때는 더 좋았었다.
　지금도 집에 두꺼운 종이가 있으면 큰 딱지를 접어 팔이 빠지도록 딱지치기를 하고 싶어진다.

삘기

논둑사이로 삐죽 올라온 새순은 참 맛있다.

싹이 통통할 때 뽑아서 껍질을 까보면 하얀 게 나온다.

그것을 껌처럼 씹으면 단물이 나왔다.

논둑사이를 오가며 수없이 먹고 또 먹고 하도 많이 먹어서 입술과 혀가 까매지도록 먹었다.

띠의 꽃대가 채 피어나기 전에 이파리 속에 둘러싸여 있는 어린 이삭을 가파른 논둑길 사이로 다니면서 참 많이 찾아다녔다.

시기가 늦으면 일제히 피어서 억세졌다.

제철에 나오는 먹거리를 산으로 들로 다니며 모두 먹고 다닌 기억이 난다.

봄에 논둑이나 밭 사이로 풀이 덜 자랐을 때 삘기는 내 눈에는 멀리서 봐도 알 수 있었다.

아직 풀이 자라지 않은 언덕배기에 삐죽 올라와 있어서 눈에 잘 띈다.

어릴 때는 없어서는 안 될 맛있는 간식이었다.

나는 매일 논둑 밭둑을 찾아다녔다.

지금도 논둑 사이에 삘기가 보이면

입안에 침이 고인다.

씨름

뒷산에 거북선이 세워져 있었다.

어느 선조인지 높으신 분인가 보다.

거북이 모양으로 만든 거북선이 있고 산소도 엄청 컸다.

그 옆으로 잔디가 잘 깔려 있었다.

친구들과 씨름을 하러 자주 갔다.

작아서 힘으로는 잘 이기지를 못하지만 끈기로는 이길 수 있다.

이길 수 있을 때까지 친구랑 엎치락 뒤치락 서로 지쳐서 항복할 때까지 그 비 타락을 구르면 또 기어 올라가고 그러길 수십 번을 한다.

친구가 그만하자고 손을 든다.

나는 재밌어서 또 하자고 한다.

나중에는 도망가고 잡고 하다가 둘이 벌러덩 누워서 하늘을 본다.

맑고 청명한 하늘 구름 한 점 없다.

하늘에 반한다.

친구랑 언제 그랬냐는 듯 옷을 '툭툭' 털고 일어난다.

서로 뒤도 털어 주며 손잡고 오솔길을 내려온다.

'내일 또 만나자' 손을 흔들며 헤어졌다.

그때는 시간들이 거북이처럼 느릿느릿 가는 듯 했다.

개구리

동네에 '가다'라고 불리는 할머니가 앉은뱅이 딸하고 같이 살았다.
딸은 항상 방에 있었는데 살이 엄청 쪄서 엉덩이로 방을 밀고 다녔다.
우리가 가면 들어오라고 했지만 우린 무서워서 도망갔다.
할머니는 개구리를 잡아오면 열 마리에 십 원을 주었다.
딸의 약으로 쓴다고 했다.
논에는 개구리가 엄청 많았다.
쇠꼬챙이 한 개에 열 마리씩 허리춤에 끼워 놓고 줄을 쭉 세워서 몇 개씩 가져다주면 할머니는 바로 돈을 주었다.
용돈이 귀할 때라 나는 재미삼아 동네 개구리는 보이는 대로 잡았다.
할머니가 원하는 양이 차면 '그만, 며칠 있다 잡아와라' 한다.
아쉽지만 '네' 한다.
개구리를 잡아서 쇠꼬챙이에 꽂아서 고추장을 발라 불을 피워서
바짝 구워 먹는 것도 별미였다.
어릴 때는 먹을 것들이 산과 들에 지천으로 흔했다.

죽은 뱀

죽은 뱀이 흙냄새를 맡으면 다시 살아난다고 어른들이 얘기를 했다.
하루는 나무에 걸어 놓은 걸 깜박 잊고 나무에 올라가다
손에 뭉클하게 잡혔는데
그것이 요긴하게 쓰이는 경우가 있었다.

아침에 학교 가는 길은 멀다.
친구들하고 삼삼오오 짝을 지어서 마을도 지나고
야산도 넘고 개울도 지나야 갈 수 있기에 같이 다녔다.
그런데 짓궂은 남학생들은 죽은 뱀을 가는 길 앞에 던지거나
치마를 들치면서 던지고 갔다.
여자애들은 자지러져 길에 주저앉아 울기도 했다.
나도 징그러워서 만지기 싫었지만,
매번 놀리는 애들이 싫어서 죽은 뱀을 들고 뛰어가서
남학생의 옷에 던지기도 하고 가방에 넣기도 했다.
그러면 다시는 놀리지 않는다.
"수니는 선머슴이야 여자애가 아니야." 한다.

어느 날은 장난을 친 남학생 집에 까지 가져가서 주고 온다.
"너 거야." 씩 웃는다.

그 다음부터는 절대 놀리지 않는다.

산 밑이 집이고 바로 앞에는 논과 밭이라

어딜 가도 뱀이 눈에 띄었다.

자치기

  길고 짧은 두 개의 막대기로 치는 놀이다.
  긴 막대를 채로 사용하고 작은 막대 알은 양쪽 끝을 뾰족하게 깎아서 사용한다.
  긴 채로 끝을 쳐 공중으로 튀어 오른 것을 힘껏 쳐서 멀리 보내는 사람이 이긴다.
  날아가는 막대를 보면 시간 가는 줄 모른다.
  재밌고 치는 데 '딱' 하고 날아가면 너무 신나서 소리를 지른다.
  '더 멀리 더 멀리 날아라' 응원도 하고 소리도 지른다.
  긴 막대로 치기 때문에 정말 멀리 멀리 가고 또 논으로 물로 빠질 때도 있다.
  잃어버리면 못 찾아서 아버지에게 예쁘게 다시 깎아 달라고 한다.
  자치기가 왜 좋으냐고 물으면 막대로 쳤을 때 씽하고 멀리 날아가는 모양이 나도 날고 싶다는 꿈을 만들어준다.

망까기

좋은 돌을 잔뜩 주워 온다.
"애들아 놀지! 뭐하고 놀까? 망까기 하자."
애들이 모인다.
우선 망을 세울 수 있게 망 자리를 발로 대충 파놓고 발로 뛰어서 열 발자국 정도 가본다.
망이 멀리서 보일 수 있으면 금을 그어 놓는다.
"너네들 금 밟으면 술래다"
"안내면 술래 가위 바위 보 다시 가위 바위 보."
이긴 사람과 진 사람으로 나눠서 한다.
멀리서 던지기부터 시작한다.
망을 맞혀서 모두 쓰러뜨려야 다음 단계로 넘어간다.
이기면 발등에 올려놓고 앞에 까지 가서 쓰러트리기
쓰러트리지 못하면 상대편에게 게임이 넘어간다.
쓰러트리지 못한 데서부터 다시 시작한다.
발등에서 이기면 무릎과 무릎사이로 몸을 비비 꼬면서 가서 쓰러트린다.
그다음에 배에 올려놓고 떨어질까 봐 배를 뽈록 내밀고 망 있는 곳까지 가서 떨어트려서 세워져 있는 망을 쓰러트린다.
배를 통과하면 이마에 얹어 놓고 비틀비틀 간다.
앞이 안 보여서 조심조심 간다.

그 다음은 머리로

반복에 반복이지만 망을 넘어뜨리는 재미는 쏠쏠하다.

엄마가 불러도 못 듣고 한다.

동네 꼬마들부터 언니 오빠들까지 모두 모인다.

놀이에 푹 빠져서 시간 가는 줄 모르고 하다 보면 망이 잘 안 보이는 어둠이 온다.

미사리 강

언니가 자전거 튜브를 마련해 주었다.

무겁고 크지만 물에 들어가면 둥둥 떠 다녀서 강까지 두 시간 거리를 꼭 가지고 다녔다.

가는 길은 멀었지만 볼거리도 많고 새로운 동네도 지나가서 좋았다.

가는 길에 공작새가 있는데 같은 시간에 날개를 폈다.

공작새의 화려한 몸동작을 보려고 큰 튜브를 가지고 뛰어서 갔다.

화려한 공작새를 보며 '나도 화려한 날이 있을까'

몰래 문구멍으로 보고 또 보고를 반복했다.

미사리 강은 엄청 컸다.

물도 많았고 깊어서 가장자리에서 튜브로 놀았다.

놀러 온 사람도 많았고 먹을 걸 가지고 온 사람도 많아서 먹는 걸 구경만 하다가 오곤 했다.

튜브 하나 들고 가기에도 무거워서 먹을 걸 챙겨 오는 건 생각을 못했다.

강에 갔다온 날에는 업어가도 모를 정도로 피곤해서 잠을 푹 잤다.

예방주사

초등학교시절에는
예방주사 맞는 날이 많았다.
"이따 둘째 시간 끝나면 얼른 화장실만 갔다 와서 교실에서 움직이지 말고 있어 운동장은 나가면 안 돼.
양호실에서 선생님이 예방주사 놓으러 올 거야."
담임선생님은 통보하고 갔다.
그때부터 애들이 울상이다.
벌써 우는 애들도 있다.
여자애들은 질겁한다.
나는 애들을 놀린다.
어떤 날은 제일 먼저 맞으면서 애들한테 엄청 아픈 흉내를 내면서 줄서 있는 친구들을 놀린다.
"수니야, 진짜 아파?"
"응, 너무 아파."
나는 팔을 못 들고 덜렁덜렁 거린다.
친구들이 사색을 한다.
어떤 날은 맞은 척 뒤로 살금살금 나간다.
"선생님! 수니 주사 안 맞고 나간대요."
'메롱' 하고 이른 친구 옆에서 웃으면서 간다.

복도를 지나서 예방접종이 끝날 때까지 들어오지 않는다.
운동장에서 실컷 놀다 들어온다.
친구들 놀리는 재미가 쏠쏠하다.

땅 따먹기

큰 원을 그려놓고 그 안에서 땅 따먹기를 한다.

내 시작점에 작은 손으로 크게 원을 그린다.

돌을 놓고 엄지로 작은 돌을 밀어서 세 번 만에 작은 원에 들어오면서 선을 긋는다.

시간 가는 줄 모른다.

내 땅이 넓어질수록 신이 난다.

서로 많다고 하지만 땅 따먹기를 져 본적이 없다.

땅이 없어지면 서로 땅 빼앗기를 한다.

친구 땅을 점령해서 금을 지우고 내 땅으로 만들면서 영역을 넓혀간다.

"수니야 밥 먹어."

친구들이 엄마가 부른다고 하나 둘 사라진다.

"수니야 밥 먹어."

어느 덧 친구들이 모두 갔다.

해는 뉘엿뉘엿 산으로 넘어가고 텅 빈 마당에 홀로 있다.

오후 내내 확보한 내 땅이다.

'내일은 다시 시작해야해 내 땅 아닌 내 땅' 집으로 향한다.

다시 생각해 보면 그때가 내 삶에서 땅이 가장 많았던 시기였다.

잠자리

더위에 지친 날
하늘을 나는 잠자리를 보면 힘이 생긴다.
눈을 들어 하늘을 보니 잠자리 떼들이 찬란하다.
'훨훨' 쉴 새 없이 움직인다.
'잠자리 날아갔다 고추 대에 앉았다 살금살금 잡다가 놓쳐 버렸다'
동요가 생각난다.
잠자리는 살며시 가서 꼬리 쪽을 잡으면 쉽게 잡힌다.
양파 자루를 가져가서 잡는 데로 넣으면 금방 양파 자루가 가득하다.
자루 안에서 날갯짓을 수없이 한다.
소리가 '사르륵 사르륵' 들린다.
수없는 날갯짓 말없는 아우성 가만히 쳐다보면 신기하다.
'어떻게 저리 잘 움직일까,
툭 튀어 나온 동그란 눈으로 어떤 세상을 바라볼까'
양파 자루에 입구를 풀어 놓는다.
탈출을 도와준다.
한 마리씩 한 마리씩 놓아준다.
다시 멋진 날갯짓을 한다. 또 다른 비상을 꿈꾼다.
'이제 잡히지 말고 잘 살아라'
내 머리 위로 엄청난 잠자리가 날아다닌다.

뒤로 벌러덩 누워 잠자리를 하염없이 본다.
하늘은 끝없이 넓고 맑은 하늘에 잠자리 쌍들이 가득하다.
내일을 위한 날갯짓은 아름답다.
날개가 있다면 잠자리처럼
자유롭게 날아가고 싶었던 꿈이 새록새록 떠오른다.

깡통 돌리기

깡통을 미리 구멍을 뚫어 놓고 통 안에 불씨를 가득 넣고 철사에 끈을 달아서 돌리는 놀이다.

불꽃이 튀면서 신나게 돌리면 하늘에 별 만큼 불똥이 튄다.

텅 빈 가을 들판 땅거미가 모두 내려앉아 어두움이 찾아올 때 빛을 밝히며 '누가 더 높이 잘 돌리나 불똥이 멋지게 보이나' 한다.

깡통은 돌릴수록 불씨가 커지고 활활 타오른다.

바람의 힘으로 불꽃을 살려야 한다.

밤이 새는 줄도 모르고 몇 시간을 돌리며 논다.

집 앞 논이라 불꽃이 엄마의 시야 속에 있어서 좋다.

아버지는 불꽃이 튀어서 불이 날까봐 마당에서 보고 있다.

지칠 줄 모르고 몇 시간을 놀면 팔도 아프고 하품도 나야 집으로 들어온다.

아버지는 깡통을 받아서 불씨를 모두 없애야 깡통을 쓰레기통에 모아 놓는다. 깡통 돌리는 날엔 미리 좋은 깡통을 골라서 아버지를 주면 구멍을 많이 뚫어준다.

다치지 않게 철사로 꼼꼼하게 묶어서 불씨를 넣어준다.

매일 하고 싶은 놀이이다.

논에 추수가 다 끝나고 볏짚도 콩 단, 깨 단이 없어져야 마음 놓고 할 수 있다.

늦가을이나 겨울에 텅 빈 들판에서 돌리면 제격이다.

구슬치기

할머니 방 한 쪽 구석에 내 보물이 많다.

구슬도 '종류 모양 크기 깨진 거 깨끗한 거로' 구별해서 정리해 놓았다.

어떤 아이랑 구슬을 치느냐에 따라 가져 가는 구슬도 달랐다.

왕 구슬은 꼭 가져간다.

던져서 원 안에 넣기, 홀짝해서 손안에 구슬 맞히기, 구슬로 까서 원안에 있는 거 몰아내기 친구들과 놀이를 해서 따온 구슬은 방 한구석에 진열해 놓는다.

온 동네를 다니며 아이들 구슬을 따오기도 하고 잃으면 씩씩거린다.

'내일은 꼭 따와야지'

놀 거리가 많은 어린 시절은 부모님이 부를까봐 눈에 안 띄려고 멀리 멀리 가서 놀았다.

용돈이 생기면 학교 앞 문방구에서 구슬을 사서 모았다.

어릴 때 나는 구슬 부자였다.

깍두기

고무줄놀이는 재밌다.

깡충깡충 뛰면서 고무줄에 걸리지 않게 노래를 따라 부르면서 일절부터 사절까지 한다.

줄에 걸리지 않게 하면 발목에서 종아리로 줄을 높여간다.

무릎으로 허리로 계속 올라가면 애들은 날라 다닌다.

손을 번쩍 고무줄을 올려도 친구들은 잘한다.

예쁜 치마에 땋은 머리가 찰랑찰랑 거린다.

고무줄 사이에서 남자아이들은 "같이 놀자" 대꾸가 없으면 고무줄을 자르고 도망간다.

거의 매일 일어나는 일이다.

"속옷 보인다, 속옷 색깔이 뭔지 안다 얼레리 꼴레리" 앉아서 놀리는 애들도 있다.

같은 편 먹을 때는 가위 바위 보로 결정한다.

잘하는 친구와 같은 편 하려고 무던히 애쓴다.

또래보다 나는 키가 작아서 높은 곳은 잘 못한다.

결국은 다 편먹고 남은 나는 깍두기다.

어느 편도 아니지만 양쪽을 다 할 수 있다.

고무줄놀이를 할 수 있어서 좋다.

잘하는 친구는 자꾸 이겨서 살려준다.

치마에 흰 속옷이 보이도록 하늘을 날아다녔다.
깍두기에 불만이 없었다.
노래가 끝날 때까지 죽지 않고 줄과 줄 사이를 날아다니면 된다.
'금강산 찾아가자 일만 이천 봉 볼수록 아름다운 금강이라네 금강이라네.'
귓가에 맴도는 친구들이 눈에 선하다.

핀치기

머리 핀 따먹기는

원을 그려 넣고 빵 둘러앉아서 원 속에 핀을 다시 넣으면 된다.

먼 곳까지 나갔다가도 내 원으로 들어온다.

손톱 속에 흙이 들어가서 까맣다.

친구의 핀을 다 따면 친구는 머리에 꽂은 핀도 뺀다.

서로 양보 없이 열심히 한다.

밤이 늦도록 엄마가 부르다가 지치도록 놀이를 한다.

어느 덧 친구는 핀이 없으니 자리를 '툭툭' 털고 서

"재미없어 갈래" 아쉬운 듯 일어난다.

가는 친구를 바라보다가 옆에 있는 친구가 "나랑 할래?" "그래"

또 새로 시작한다.

모든 것이 놀이가 되는

신기한 시절이었다.

썰매

벼를 다 벤 논에 아버지는 물을 채워 놓아 주었다.

나무로 만든 썰매도 만들어 주었다.

얼른 물이 꽁꽁 얼어 버리기를 기다렸다.

꽝꽝 얼어 있어야 썰매를 탈 수 있기에 가서 발로 쿵쿵거리며 다녔다.

얼음이 얼어서 초가지붕 밑에 고드름이 주렁주렁하다.

썰매를 가지고 논으로 갔다.

책상다리를 하고 썰매 위에 앉아서 종횡무진 '달리고 달리고' 원으로 달려도 보고 끝까지 가보기도 하고 쉴 새 없이 손을 불어가며 몇 시간을 놀다 보면 배가 고프다.

밥 먹고 또 놀고 간식 먹고 뛰고 그렇게 겨울엔 손이 얼고 손이 다 터서 피가 나도록 놀았다.

겨울이 되기 전부터 한 곳에 놓아 둔 썰매를 보면 아버지한테 미리 조른다.

"더 좋게 튼튼하게 날도 갈아주세요. 꼬챙이는 얼음을 잘 찍어서 잘 나가게 뾰족하게 해 주세요." "알았다 알았어" 한다.

아버지의 손길이 간 썰매는 말을 잘 듣는다.

정말 잘 나간다.

봄부터 가을까지 구석에 버려졌던 썰매가 주인공이 되는 겨울이 좋았다.

무궁화 꽃이 피었습니다.

"가위 바위 보 누가 술래지?"
"내가 술래."
"무궁화 꽃이 피었습니다."
나무에 머리를 대고 눈을 감고 이 말을 수없이 반복한다.
친구들은 금을 그어 놓은 곳에서 한발 한발 빠르게 움직인다.
얼마나 빠른지 나도 말이 빨라진다.
그렇게 하다 보면 말이 끝나기도 전에 뒤를 돌아본다.
하나씩 걸리고 내 손을 잡고 서 있다가 친구들이 끝까지 와서 살려준다.
처음부터 다시 시작한다.
몇 번 하다 걸리면 술래가 바뀐다.
걸리지 않으려고 '살금살금' 움직인다.

지금도 길을 가다가 나도 모르게
'무궁화 꽃이 피었습니다…….'
되 뇌이면서 발걸음을 멈춘 적이 있다.

사슴벌레

나무에 찰싹 붙어 있으면 색깔이 비슷해서 잘 모른다.
가만히 살금살금 움직이는 사슴벌레를 잡아서 집으로 가져온다.
방바닥에 내려놓고 건들면 움직이고 죽은 척 가만히 있다.
벌레를 만지다가 집게에 물린 적이 많다.
곤충채집을 여름방학숙제로 내주면 제일 많이 잡는 게 사슴벌레, 풍뎅이, 잠자리, 나비, 땅강아지이다.
마취시키고 소독해서 고정시키면 움직이지 않는다.
움직임이 둔하지만 자세히 보면 참 잘 생겼다.
두 마리를 서로 싸움을 시키면 집게로 움직이는데 날렵하다.
친구랑 어느 것이 잘 싸우나 내기도 한다.
사슴벌레는 갑옷이 탄탄해서 다치거나 부러지지 않고
벌레를 잡아다가 주면 잘 먹는다.
집에다 잡아 놓고 심심할 때 방바닥에 배를 깔고 '툭툭' 치며 같이 놀면
나름대로 재미가 있다.

널뛰기

　큰 나무 널빤지를 놓아두고 중간에 둥그런 통나무로 고정해주면 친구랑 한도 끝도 없이 팔짝팔짝 뛴다.
　뛰면 뛸수록 '쿵더쿵 쿵더쿵' 소리가 둔탁하다.
　'쿵쿵' 날아다닌다.
　뛰는 소리와 팅겨지는 느낌으로 더 높이 날아오른다.
　땀도 나고 먼 경치도 보면서 하염없이 뛰면서 논다.
　친구들과 번갈아 가며 차례를 기다리면서 날 저무는 줄 모르고 날고 뛴다.
　역시 널뛰기는 한없이 즐거운 놀이이다.
　널을 박차고 올라가면
　마치 하늘을 훨훨 나는 기분이 된다.

그네

마을에 튼튼한 나무에 그네를 달아준다.
언니, 친구, 동생들이 모여서 그네를 탄다.
밀어주며 당겨주며 '쌩쌩' 달리고 달리다 보면 어느새 마을이 한 눈에 보인다.
건넛 마을도 보이고 지나가는 사람들이 보인다.
그네를 기다리는 사람이 많지만 한 번이라도 더 타려고 시샘을 한다.
날아가면서 푸른 하늘에 나만 공주가 된 양 꿈에 부풀어 더 멀리 더더 멀리 날아간다.
아, 꿈인지 생시인지 모를 만큼 머리를 휘날리며 타다보면
어스름한 저녁 해가 뉘엿뉘엿 서산에 넘어가고 있다.
그때면 어김없이 저녁 먹으라고 부르던
엄마 목소리가 들린다.

연날리기

'달려달려 더 높이 날아라 나무에 걸리지 말고'
연만 보고 신나게 달음질을 뛴다.
바람이 세차게 부는 날은 아버지를 졸라서 연을 만들었다.
창호지로 모양을 내서 자르고 대나무살을 밥풀로 붙이고
나일론 질긴 끈으로 방패를 만들어 주면 어느새 밖으로 나간다.
'어디서 날릴까 어디서 바람이 불어올까 .....'
하늘만 보고 장소를 물색해서 논 한가운데 넓은 데로 나온다.
뛰어보고 달려보고 손도 귀도 시렵고
'호호' 불어가며 한바탕 놀다 보면 어쭙잖은 나무에 걸리거나 끈이 끊어져
훨훨 날아서 멀리 가 버린다.
'다음엔 더 큰 연으로 만들어 가야지'
마음을 먹고 아쉬운 듯 집으로 돌아오던 길은
유난히 바람이 더 추웠다.

3부
원기소

텔레비전

내 나이 십오 세 소녀 때, 천구백칠십 년대 이야기다.
학교를 미처 졸업하기도 전에 밑으로 동생이 셋인
언니는 돈을 벌었다.
처음으로 번 돈으로 다리가 있는 흑백 TV를 사왔다.
구만 구천 원이었다.
천구백칠십 년대 우리 동네 TV가 세대 밖에 없을 때라
난 단연 친구들 사이에서 인기가 좋았다.
단연 실세였다.
발바닥이 더럽다거나 냄새나면 친구들은 내 눈치를 보곤 했다.
그때가 좋은 때였다.
동네 분들이 저녁을 드시면 우리 집으로 모였다.
어른들도 아이들도 가족들이 밤마실을 했다.
엄마는 옥수수, 감자, 고구마, 떡 먹거리를 쉴 새 없이 내온다.
'별당아씨' '여로' '김 일과 여건부가 나오는 레슬링'
너무 재밌어서 TV속으로 모두 빨려 들어간다.
매일매일 봐도 재밌는 연속극은
끝나면 아쉬움이 얼굴에 가득 묻어난다.
내 생애에서 가장 아름다운 저녁이었다.

꼴찌에서 일등으로

천구백칠십구 년 초등학교 오학년 열한 살 때의 일이다

아버지를 가장 많이 닮은 나는 예능엔 재능이 없어서 슬픈 적이 많았다.
음악시간과 체육시간을 유난히 싫어한다.
하지만 일등으로 갈채를 받은 경험이 딱 한번 있었다.
초등학교 오학년 때의 일이다
팔백 미터 오래 달리기를 했다
빨리 달리는 건 잘 못해도 오래도록 끈기 있게 하는 건 좋아한다.
예를 들면 둘레 길을 걷거나 등산은 중간에 포기하는 법이 없다.
그날도 아프거나 못하는 사람은 빼놓고 선생님이 팔백 미터
오래 달리기를 하라고 했다.
내 기억에 오학년만 뛰는 거였다.
한반에 팔십 명 정도이고 칠 반이니 오백 명 정도 뛰지 않았을까 싶다.
작고 왜소한 나는 아이들이 정말 운동 잘하게 생겼다고 했지만
유전적이라 쫌 억울하다는 생각을 했다.
그날도 오래 달리기를 중간에 포기하는 친구들도 있었던 걸로 기억한다.
끝까지 달리는 친구들 중에 내가 제일 늦게 뛰고 있었다.
아이들의 응원에 힘입어 정말 열심히 뛰고 또 뛰었다.
일등으로 달리는 선수와 한 바퀴 차이가 났었나보다.

한 바퀴를 남기고 열심히 뛰고 있는데 친구들이 갑자기

"선생님, 수니가 일등으로 들어와요!" 라고 야단법석을 떨고 있었다.

난 친구들에게 아직 한 바퀴가 남았으니 더 뛰어야 한다고 계속 뛰어가고 있던 중 선생님은 아이들 소리에 내 얘기는 듣지도 않고

나부터 일등 이등 삼등을 하고 있었다.

아무리 아니라고 해도 소란스러운 곳에서 내말이 들리지 않았나보다.

아이들의 환호성에 내 목소리는 묻혀 버리고 말았다.

생전 처음 체육시간의 환호였다.

정말 잘 뛰었으면 좋았을 걸 하며 생각했지만 정당한 게 아니라 가시방석이었다.

선생님조차도 내 소리를 듣지 못했다.

손등에 '참 잘했어요, 일등' 도장이 찍혔다.

내 뒤로 친구들이 서고 있었다.

그날은 정신없이 하루가 지나가고 있었다.

시상식이 어찌 지나갔는지 기억나지 않는다.

모든 행사가 끝나고 난 교무실로 가서 말씀드렸다.

"괜찮아." 라고 하시며 웃어주셨다.

난 죄지은 마음이었고 그날의 상품은 기억이 나지 않는다.

별거 아니었으리라 생각해 보지만 평생 받지 못할 상인 것은 확실하다.

아궁이

"버섯이 맛있게 익었어. 얼른 들어와."

불을 다 때고 뜸을 들일 때 남아 있는 불로 고구마도 구워주고 참나무 잎에 버섯을 잘 쌓아서 나무로 엮어 구워 주면 타지도 않고 따뜻한 게 참 맛있다.

버섯 구워서 먹는 걸 좋아 했기에 할머니가 까서 조금씩 넣어 주면 잘 받아먹었다.

버섯 이름은 잘 모르지만 잘 익은 하얀 버섯은 고기처럼 맛있다.

어느 날 아버지가 초가지붕 안으로 손을 넣어서 참새를 잡았다.

먹이 잡아먹으려고 들어갔던 참새를 쉽게 잡았다.

손질을 깨끗이 해서 구워주면 옆에 앉아서 계속 받아먹었다.

하도 잘 받아먹으니까 아버지는 미소를 지으며

"또 잡아와야지." 한다.

엄마가 하는 말이

"참새가 소 등에 올라타서 너는 고기가 많지만 내 한 점의 고기랑 안 바꿔." 한다고 한다.

그만큼 참새고기가 맛있다.

마당에 싸래기를 뿌리고 새 그물을 만들어 놓고 끈을 멀찌감치 묶어 놓는다.

아버지는

"참새가 들어가면 당겨." 하고 일하러 간다.

마당에서 놀다가 참새가 먹이 먹으러 오면 끈 쪽으로 가서 준비하고 있다가 당긴다.

"할머니 새 들어갔어 빨리 와 봐." 소리를 지른다.

가만히 열어 보더니 "없다 날아갔어 기다렸다가 다시 당겨라" 한다.

"언제 도망갔지"

내 손보다 빠른 참새를 이길 수 없다.

그 시절에는 아궁이에서 나오는 음식들이

내 입을 즐겁게 했다.

개울

동네 중간쯤 냇가가 있다.

밤이면 친구들과 멱을 감으러 간다.

엄마가 "가서 장난만 하지 말고 구석구석 깨끗이 씻고 와라." 비누랑 수건이랑 챙겨주면서 늦지 말고 얼른 갔다 와."

대답은 "네." 건성건성 하며 친구랑 놀 생각에 신이난다.

냇가에 갔더니 벌써 동네 남자애들이 와 있다.

장난치다 우리가 가니 난리가 났다.

물속에 숨는다.

"야 너희들 위로 올라오지 마, 올라오면 엄마한테 이른다."

엄포를 놓고 위로 한참 가서 옷을 차곡차곡 벗어 놓고 들어간다.

멀리서 키득키득 웃음소리가 들린다.

애들이 장난치러 오는 거 같아서 대충 옷을 걸치고 물속으로 숨는다.

목욕은 뒷전이고 물장난에 시간 가는 줄 모른다.

늦은 밤 한참을 놀고 배가 고파 집으로 온다.

다음 날 학교 가는 길에 만나면 서로 놀린다.

"어제 목욕하는 거 봤지~ 메롱"

서로 봤다고 하지만 칠흑같이 어둔 밤은

옆 친구도 목소리로 알아본다.

책갈피

은행잎이나 단풍잎이 땅에 떨어지면 상하지 않고 예쁜 잎들을 주워 모았다.

한 가득 치마를 벌려서 상하지 않게 가져와서 분리를 했다.

잎들을 책 사이에 끼워 넣으면 고정도 잘되고 잘 마른다.

마른 잎을 하나씩 꺼내서 두꺼운 하얀 비닐사이에 진열해 놓고 다리미로 다리면 잘 달라붙는다.

거기에 예쁜 끈을 잘 묶어서 다릴 때 같이 다린다.

가위로 잎보다 크게 모양대로 오려서 책갈피로 사용하기도 하고 친구들 선물로 주기도 한다.

교과서 사이에 끼워 놓고 표시를 하면 접거나 연필로 표시를 하지 않아도 괜찮아서 책이 깨끗하다.

책갈피로 만든 것은 친구들에게 인기가 좋았다.

아이들의 주문도 다양했다.

내가 필요한 것을 친구들이 바꿔 주기도 했다.

재밌었다.

친구들이 좋아해서 더 기분이 좋았다.

교과서

　학년 초가 되면 선생님들은 책을 깨끗이 사용해서 동생들에게 물려주라고 했다.

　학년이 끝나면 방학 날 모든 책을 가져 오라고 해서 국어, 산수, 사회 … 차례대로 가져온 책을 분리해서 차곡차곡 쌓아 놓았다.

　새 책도 바로 배분해서 주면서 똑같은 말을 했다.

　"얘들아 깨끗이 사용해라. 책에 낙서 하지 말고 찢지 말고 침 묻히지 말고 그래야 너희도 새책 받는다. 알았지?"

　"네." 일제히 대답한다.

　헌책 주고 새책 받는 날이다.

　우선 새책부터 선생님은 나눠준다.

　그리고 모자라면 전 학년이 쓰던 책에서 골라준다.

　"책이 모자라는 사람 손 들어봐." 선배들이 쓰던 책이 한 곳에 쌓여 있다.

　전부 새책을 받을 수가 없던 시절이다.

　그래도 새책을 더 많이 받을 때가 많았다.

　집에 와서 자랑한다.

　"선생님이 이번엔 새 책을 더 많이 주었어, 책을 깨끗이 썼다고 칭찬도 했어."

　코를 씰룩 거리며 부모님에게 자랑을 한다.

원기소

엄마가 하루에 세 개만 주었다.

맛있어서 손으로 한 주먹씩 더 먹었다.

키가 닿지 않게 농 위에 얹어 놓았지만 나는 용케도 꺼내서 먹었다.

원기소를 먹으면 배가 금방 고팠다.

'소화제인가' 배가 고파서 집에 먹을 걸 찾아다녔다.

엄마는 왜 빨리 없어지냐고 물어봤지만 혼날까 봐 눈만 깜박거렸다.

학교가 끝나고 집에 오자마자 농 위에 있는 원기소를 꺼내려고 의자를 놓고 그 위에 베개, 베개 위에 또 베개를 놓고 올라가다가 미끄러져서 의자에서 떨어졌다.

주위를 돌아보아도 아무도 없다.

무릎을 보니 피가 나지 않는다.

한두 번 해본 일이 아니다.

다시 시도를 해서 한 주먹을 한 입에 털어 놓고 '룰루랄라' 콧노래를 불렀다.

'엄마는 이상해 이렇게 맛있는 걸 왜 못 먹게 할까'

어릴 때 유일한 영양소 '원기소'는 언제 먹어도 참 맛있었다.

눈 위의 선명한 핏자국

책 읽기를 좋아한다.

공부보다 책 읽는 게 재밌어서 틈만 나면 읽었다.

학교에서도 친구 집에 놀러가도 책만 보면 무조건 빌려와서 밤새 읽고 가져다주었다.

괴도루팡, 셜록홈즈, 아가사 크리스티가 쓴 책들은 읽고 또 읽어도 재미있다.

어느 날이다.

하얀 눈 위에 피 방울이 똑똑 떨어진 걸 보고 '수상하다 수상해' 하며 핏자국을 한 발자국 또 한 발자국을 계속 쫓아갔다.

동네 어른들한테 들킬까 봐 조심스럽게 별 상상을 다하며 계속 갔다.

'무슨 일일까? 피가 이렇게 멀리까지 떨어졌을까? 누가 다쳤을까?'

'아니면 사람을 해친 걸까?'

별 생각을 다하며 책에서 읽은 내용을 떠올리면서 우리 집 마당에서부터 동네 끝자락까지 조심조심 왔지만 사람의 인기척이 없다.

핏자국을 쫓아 거의 온 듯 마을의 어느 집 대문에 들어섰다.

멈췄다.

살금살금 들어가 보니 마을 어르신들 속에 아버지가 보였다.

너무 놀라서 "아버지!" 하고 부르니 아버지가 뒤를 보는데 그 사이로 돼지가 보였다.

'아 어느 집 잔칫날이구나' 돼지 잡는 날 동네 분들이 모였구나.

우리 집 돼지를 잡아 나무에 네발을 묶어서 가면서 하얀 눈 위에 피가 떨어졌구나.

아버지를 본 순간 알았다.

오늘의 범인 잡는 건 막을 내렸지만 내 마음은 '콩닥콩닥'뛰었다.

굉장한 일이 있을 줄 알았나보다.

책을 너무 많이 읽어 상상속이 현실로 착각한 건가보다.

술지거미

광으로 독마다 쌀 막걸리를 담았다.

시원한 광에는 술독들이 가득 찼다.

마을 어귀만 들어서면 논과 밭에서 일하는 어른들은 매일 막걸리를 마셨다.

학교 갔다 오면서 할아버지들이 먹을 것도 주고 술지거미도 먹어 보라고 주었다. 배도 고프고 달작지근해서 주는 대로 받아먹었다.

"잘 먹었습니다." 인사를 하고 일어나면 어지럽다.

걷는대도 발이 둥둥 뜬다.

'왜 그러지' 갈지자로 걸어진다.

할아버지는 웃으면서

"이 녀석아 제대로 걸어, 걷는 게 왜 그 모양이야." 한다.

뭔가 잘 못 됐다.

집에를 어떻게 왔는지 오자마자 대자로 뻗었다.

아버지가 "술지거미는 술이야. 막걸리 만들 때 걸러서 놓은 거야. 먹지마라 할아버지가 너 놀리는 거란다."

그 이후로도 맛있어서 또 먹었다.

집은 늘 막걸리가 넘쳐났다.

유리창

학교와 학원이 모두 끝나면 저녁 열시나 돼야 집에 올 수 있다.
밤늦은 시간에 집에 오는 건 너무 무서웠다.
산길도 오솔길도 또 냇가를 지나서 논길을 와야 한다.
버스에서 내려서 오는 길은 깜깜한 밤 외진 십 리 길을 매일 걸어와야 한다.
그날도 여느 날과 같이 집에 가고 있는데 뒤에 사람 인기척이 들린다.
겁이 많아서 일부러 그 사람이 먼저 지나가길 바란다.
내 뒤를 쫓아오는 것보다 차라리 내가 뒤에서 가는 게 편하다.
다행히 앞질러서 가기에 약간 마음을 놓고 더 천천히 갔다.
가면서 뒤를 가끔 돌아보는 게 영 마음이 놓이질 않았다.
앞으로도 갈 수도 없어서 눈치만 보면서 걸었다.
'어쩌지 그냥 앞질러서 뛸까. 계속 뒤 따라 가나 모른 척 가야 하나.'
본 얼굴도 아닌 너무 낯선 사람이다.
마음에서는 수없는 생각을 하면서 걷고 있었다.
'혹시 나를 어떻게 하면 어쩌지 이기지는 못하지만 도망갈 수 있을까?'
갑자기 양 갈래 길에서 사람이 안 보였다.
'괜히 고민했네 우리 동네 사람이 아니라 몰랐나.'
안도의 숨을 쉬며 반도 더 남은 집을 정말 열심히 뛰어서 왔다.
그런데 대문을 들어서려는데 산 쪽에서 인기척이 들린다.

'뭘까?' 우리 집은 산 바로 밑이라 산 쪽으로 뛰면 알 수가 없다.

안방으로 들어가서 가방을 놓으려는데 문에 사람이 비친다.

'누가 집까지 쫓아왔을까?'

"누구야!" 소리를 지르니 잠자던 사람들이 모두 깬다.

"왜? 왜? 무슨 일이야?"

엄마 아버지가 놀래서 일어난다.

"몰라요 누가 집까지 쫓아왔나 봐요."

갑자기 문에 그림자가 놀란 듯 뛴다.

나도 건넌방으로 뛰었다.

하숙을 치던 방이라 아저씨들이 열 명가량 자고 있었다.

"왜? 왜? 수니야 무슨 일이야?"

"학교에서 이제 왔나?"

유리창에 비치는 그림자를 보면서 유리창을 손으로 쳤다.

유리창이 깨지면서 사람이 산으로 튀었다.

"어떤 놈이야! 다시 한번 더 쫓아만 와 봐라."

아저씨들이 놀랜다.

내 손에는 피가 나고 사람은 산으로 도망갔고 갑자기 집이 소란스럽다.

한 아저씨가 내 손에 붕대를 감아주며 놀린다.

"누가 수니 좋아서 쫓아온 거 아인가벼."

"에구 이제 수니 무서버서 오데 살겠나."

"겁도 없이 유리창은 와 깨누."

우리 집을 누군지 모르는 아저씨가 아는 게 무섭고 싫었다.

손가락 흉터는 아직 남아 있어서 어쩌다 눈에 띄면 그날이 생각이 난다.

한오산 정상

집 뒤에 산은 얕은 곳부터 올라가기 시작하면 가파르며 사람의 손이 타지 않은 곳이라 마냥 계속 또 올라가야 정상이 나온다.
가도 가도 높은 산을 끝까지 올라가서 나무를 꽂아놓는다.
'한오산' 이름을 지어 놓고 만족해한다.
멀고 가파르고 험한 산이다.
땀이 줄줄 속옷까지 젖는다.
수없이 미끄러지고 넘어지며 손발이 까지고 다쳐도 정상에 오르면 산에서 보이는 마을은 너무 멋있다.
우리 마을은 보이지 않는다.
다른 마을이 많이 보이지만 가본 적이 없다.
많이 궁금하다.
'산 너머 남촌에는 누가 살기에 해마다 봄바람이 남으로 오네'
이 글을 생각나게 한다.
자세히 보이지는 않고 아주 작게 보이는 마을은 나의 궁금증을 늘 유발시킨다.
'저 곳이 어딘지 가보고 싶다.'
'어딜까, 언제 갈 수 있을까?'
갈 수 있는 방법이라고는 걸어가는 게 전부다.
늘 알 수 없는 마을을 그리워하다가 되돌아온다.

내려오는 길이 수월하다.

비탈길이 많아 미끄럼을 타듯 내려오면 갈 때보다 시간이 반도 더 줄어든다.

시간이 나면 가방에 신문지 두 장 넣고 먹을 거 챙겨서 가방 메고 정상으로 향한다.

내려오면서 피곤한 몸을 시원한 나무 그늘 속에 신문지를 깔고 한숨 자고 내려온다.

개운하고 몸이 상쾌하다.

'언젠가는 산 밑에 마을에 가 보리라'

다짐을 한 적이 있다.

계모

산 속 깊숙한 곳에 아버지가 숯 공장을 하는 친구가 있었다.

아버지는 거의 산에서 살았다.

엄마와 아버지는 어릴 때 이혼을 해서 계모랑 마을에 살았다.

재혼을 한 아버지는 새엄마 사이에 딸, 아들 둘을 낳았다.

동생들 돌보는 일이랑 집안 살림도 모두 친구 희야가 했다.

새엄마는 매일 소리 지르고 화내고 때리고 희야는 마음 둘 곳 없이 살았다.

매일 우리 집을 오는 친구는 아무 말도 없이 마루에 가만히 앉아 있다가 가는 날이 많았다.

종아리는 항상 피멍이 들어 있었다.

그 집에 놀러 가면 아줌마가 소리부터 질렀다.

"왜 왔어 희야 오늘 못 나가 너 다신 오지마."

"희야 불러 내지 마라 동생 보고 집에 할 일이 많으니까."

매일 동생들 씻겨주고 먹을 거 챙겨주고 빨래하고 집안 치우고 밥하고 반찬하고 학교에서 오면 친구는 매일 바빴다.

아버지가 가끔 오면 새엄마는 일렀다.

"희야가 동생도 안 챙기고 심부름도 안하고 매일 속만 썩혀서 못 살겠어."

아버지는 "엄마 말 잘 들어라."

"아버지 일 갔다 며칠 있다 올게."

"아버지가 진짜 모르셨을까?"

어느 날 친구가 얘기한다.

"아빠는 새엄마 말을 무조건 다 믿고 내 말은 안 믿어."

슬픈 얼굴로 얘기한다.

그 친구의 어린 시절은 참 불행하고 힘들었다.

항상 학교 졸업하면 "집을 나갈 거야 얼른 커서 자립할 거야." 한다.

'어디에서 잘 살고 있겠지 믿는다! 원하는 꿈 이루며 잘 살 거라고

적어도 매는 맞지 않을 거야.

아픈 손가락인 희야야 예쁘게 잘 살아주렴.'

오늘도 친구가 많이 그립다.

개한테 물린 일

마을에 중간쯤 구멍가게가 있었다.

밤늦은 시간에 엄마가 심부름을 시켰다.

가는 도중에 새끼를 낳은 개가 있었다.

작은 발바리 종인데 까만색 강아지다.

정말 미친 듯이 짖는다.

그 집을 지나가야 한다.

개를 묶어 놓고 키운 집이 없을 때다.

얼마나 짖으면서 달려오는지 쫓아도 보고 뛰어 가보기도 하지만 막무가내다.

"아줌마 개가 짖어요.

개 좀 잡아 주세요. 무서워요."

그 집을 지나가야 가게를 갈 수 있기에 밖에서 사람을 목청이 터져라 불러 봤다.

아무도 나오지 않는다.

결국 개가 다리를 물고 놔주질 않는다.

소리도 쳐보고 울어도 보고 개한테 물려서 한참을 끌려가도 아무도 나와 보지 않았다.

개가 내 종아리를 물고 놔주지 않는다.

정말 무서웠다.

집으로 울면서 어떻게 왔는지 모를 만큼 기진해서 왔다.

엄마는 다리를 보더니 안쓰러워했다.

"새끼 난 강아지를 묶어 놓아야지, 풀어 놓으면 어쩌누."

다음날 그 집을 가서 개털을 조금 갖고 와서 태워서 물은 곳에 붙여주었다.

아무 일도 아닌 듯 엄마나 그 집 사람들은 지나갔지만 난 개가 짖거나 달려오면 무섭다.

그 이후 오래 동안 그 집을 지나치지 못했다.

떡장수 엄마

"떡 사세요."
밖에서 나는 소리에
소스라치며 놓칠세라 뛰어나갔다.
동네 어귀를 가로질러서
가는 아지매를 몇 시간씩 쫓아 다녀도
나에게 눈길 한번
주지 않는 '저 사람이 내 엄마라고'

지쳐서 터덜터덜 걸어오니
"어디 갔다 이제 와? 배고프겠다. 밥 먹어."
"우쒸" 괜히 봉당에 돌만 걷어찬다.
"다리 밑에서 주어온 아이라며"
이웃 아줌마들이 모이면 쟤는
"이집 식구 아냐, 아무도 안 닮았어."

'떡 사세요' 소리에
마실 온 아줌마가
"너네 엄마 지나간다." 이 말에
나는 온종일 쫓아 다녔다

엄마가 웃으며
"너, 놀린 거야!"
아직도 분이 풀리지 않아
꼬르륵 소리에도 "밥 안 먹어." 하니
"안 먹으면 너 손해야."
아무렇지도 않게 엄마는 웃는다.
우리 엄마가 아닌가 보다.
'다음엔 떡장수 아줌마에게 물어봐야지'

덜컥 겁이 난다
'우리 엄마가 아니면 어떡하지?'
해맑게 다가오는 엄마의 예쁜 미소가 내 마음을 아는가 보다.

초등학교 이야기

담임선생님과의 좋은 추억이 많다.

초등학교 일학년 입학한 날 예쁜 여선생님을 만났다.

일곱 살에 입학한 나는 몸무게 십 사키로 반에서 제일 작았다.

왜소하고 까만 살결에 왕 눈인 나는 울보였다.

선생님은 엄마처럼 업어주고 손잡고 다니면서 화장실도 데리고 가 주었다.

아무것도 못하고 울기만 하는 나를 집에 있는 엄마보다 잘 챙겨줬다.

한글도 못 떼고 간 나는 알아듣지 못하면 울기만 했다.

수업진도를 따라가질 못했다.

농사와 가축 키우는 일로 바쁜 부모님은 미리 공부를 시킬 만큼
여유가 없었다.

코도 찔찔 흘리고, 바지도 잘 치켜 입지도 못하고, 숙제를 해 오라면 그저 말귀를 알아듣지 못해서 울기만 했다.

그런 나를 선생님은 야단도 치지 않았고 매일 업고 다니며, 공부를 가르쳐 주었다.

화장실도 못 가서 우는 나를 선생님은 손잡거나 업어서 데리고 다녔다.

집이 멀다 보니 비가 와도 눈이 와도 집에서 마중을 나오는 가족이 없었다.

어느 날 우박이 많이 왔다.

걸으면서도 종아리가 아팠고, 혼자 집을 하염없이 걸어가며 '아야, 아고 아파'를 연신하며 가던 중 비바람에 몸이 둥둥 뜬 적이 있다.

워낙 몸무게가 적았기 때문에 말이다.

이학년이 되었다.
임신을 한 여선생님은 몸이 무거워서 그런지 화를 잘 냈다.
공부를 시키고 가르쳐 주는 것보다 못한다고 매로 손바닥을 많이 때렸다.
어느 날 지능검사를 했는데 세 자리였다.
"너는 머리는 좋은데 노력을 안 하는구나."
공부를 못한다고 많이 혼났다.

삼학년이 되었다
어린이 대공원 옆에 담장이 장미꽃으로 꾸며진 예쁘게 지은 집이 있었다.
선생님 집은 깔끔하고 예쁜 집이라 부러웠다.
농사랑 가축을 키우는 우리 집은 시골집이었다.
어린이 대공원과 회관을 구경시켜 주시며, 집에서 맛있는 음식도 만들어 주었다.
반에서 몇 명만 초대를 해 주었다.
아주 가끔 선생님 집을 가면 밝은 얼굴로 반겨 주곤 했다.

사학년이 되었다.
좋은 선생님을 만났다.
선생님은 점심때만 되면 무릎에 앉히고, 선생님이 싸온 도시락을 나를 먼저 먹여주고 나머지를 선생님이 먹었다.
그러면서 꼭 하신 말씀이 너무 작아서 걱정된다며 잘 먹고 얼른 크라고 했다.

다른 아이들처럼 무럭무럭 자라라고 했다.

키가 잘 자라진 못했지만 그 사랑으로 나는 마음이 자라고 있었다.

일 년 내내 선생님의 도시락을 먹었다.

반찬은 내가 좋아하는 소시지, 계란말이, 뱅어포, 콩장, 멸치볶음이다.

우리 집은 시골 음식이어서, 구경하기 힘든 반찬만 선생님은 싸왔다.

나는 선생님의 도시락을 기다리느라고 엄마가 싸준 도시락은 엄마 몰래 부엌에다 숨겨 두고 왔다.

육학년이 되었다.

국어 시간을 제일 좋아했다.

글짓기 시간이면 같은 시간에 내 것과 친구 것도 써주었다.

상을 탄 기억이 난다.

국군 장병들에게 위문편지를 반 친구 전체가 썼는데 답장이 와서 반 친구들 앞에서 읽었던 날도 기분 좋은 추억이다.

공부도 조금씩 나아지면서 중위권에 들었다.

학기말 고사가 끝나고 갑자기 항상 일등만 하던 반장이 뛰어오면서 이번엔 희수니가 일등이라고 난리가 났었다.

내 성적을 알기에 아니라고 극구 부인했고 난 얼굴이 빨개졌고 창피했다.

반장은 항상 일등만 했는데 아마 교무실에서 정보를 잘못 알았나 보다.

본인이 일등을 못해서 속상한 걸 표현을 한다는 것이 가만있는 내가 순간 그의 표적이 된 듯 했지만 난 공부를 잘 못하니 창피하기만 했다.

나중에 알고 보니 반장은 여전히 일등이었고, 내 성적은 변함없이 중간쯤이었을 거다.

학교까지 4키로를 걸어 다녔다.

냇가를 건너서 마을들을 지나서 산을 넘어야 학교가 보였다

학교만 갔다 오는데도 너무 멀고 힘들었다.

어릴 때 소원이 학교에서 가까운데 사는 애와 가게 방을 하는

친구가 너무 부러웠다.

나의 초등학교 시절은 추억이 많았고, 행복한 시간으로 지나갔다.

친구 아버지 상 당하다

갑자기 부모님 상을 당한 친구가 있다.

연고도 없고 가난한 친구는 장사를 치러줄 사람이 없었다.

아버지는 아무 말도 없이 그 집에 가서 염을 해주고 초상을 치러줬다.

선뜻 나서지 않는 일을 별말 없이 조용히 처음부터 끝까지 모든 일을 도맡아 했다.

아버지의 호탕하신 웃음, 나보다 힘든 동네 분들을 보면 내 일, 남의 일 상관없이 먼저 발 벗고 나서서 척척 해결하시기에 어릴 때 나의 아버지는 인자한 아버지, 부러울 게 없는 친구들이 부러워하는 아버지, 부지런하고 정이 많은 아버지였다.

동네에 우리보다 가난한 사람들을 잘 챙겼다.

큰일이든 작은 일이든 마을에서 사람들이 잘 안 하려 하는 일은 아버지가 했다.

동생이랑 둘만 남은 친구는 그 이후에도 마을에서 오랫동안 같이 살았다.

시험공부

학교에 시험이 있는 날은 친구 집에 모여 공부를 했다.

엄마에게 졸라서 자고 온다는 허락을 받고 뛸 듯이 기뻤다.

공부도 중요하지만 친구랑 밤에도 놀 수 있다는 생각에 스릴이 있었다.

우리가 모여 있으면 남자 애들이 간식을 사다 줬다.

좋아하는 친구 준다고 집 주위를 돌았다.

선머슴아가 내 별명이라 남자 애들은 나를 불러서 친구를 주라고 했다.

남친들은 여성스럽고 예쁜 애들을 좋아했다.

시험공부는 뒤로 미루고 친구를 놀리면 얼굴이 빨개지면서 숨었다.

그렇게 시간을 보내다 보면 공부보다 놀고먹다가 밤을 새곤 했다.

시험 점수가 나빠서 엄마에게 혼나는 일은

나중 일이었을 뿐이다.

만원 버스

왜 그리 버스는 붐볐는지 그 시절엔 말이다.

사람에 치여 발도 못 부치고 붕 떠 있는데 그곳에 수상한 사람도 가끔 있다.

앞에 교복 입은 예쁜 언니가 거의 울상이 되어간다.

주위를 둘러보니 아저씨가 자꾸 언니 옆에서 사람 많은 핑계로 엉덩이를 닿고 있었다.

나는 붐비는 틈으로 헤집고 언니 앞으로 가서 가방을 엉덩이 쪽으로 놓고 아저씨를 팍 밀었다.

순간 아저씨는 '아야, 으으으' 소리를 낸다.

씩 웃으며 모른 척 지나간다.

그런 날도 많았다.

버스만 만원이 아니라 이상한 아저씨도 만원이었다.

아저씨의 짝사랑

우리 건넛마을에 아저씨가 서너 살 된 딸아이랑 둘이 살았다.

가끔 우리 집 앞에 소에게 줄 풀을 베러 왔다.

그날도 풀을 베고 있기에 인사를 하며 지나갔다.

갑자기 나를 보다가 낫에 손을 베었다.

너무 놀라 뛰어가니 도망가듯이 갔다.

'이상하다' 그리고 친구와 노냐고 잃어버렸다.

며칠을 안 보이더니 풀을 베러 왔다.

그런데 나를 힐끔힐끔 보기만 했다.

그리고 자주 집 근처에서 서성거렸다.

어느 날 건넛마을로 놀러 갔는데 아저씨가 보였다.

그곳이 집인가 보다.

인사를 하니 수줍은 듯 웃으며 잠깐 들어오라 한다.

"네."

아저씨는 머뭇머뭇하더니 "미안해 사실은 너를 보면 가슴이 뛰고 숨도 가쁘고 얼굴이 빨개지는데 내 마음대로 안 되네." 하며 웃으셨다.

"나 혼자 너를 좋아했나 봐." 하면서.......

나도 웃고 아저씨도 웃었다.

어색해서

그냥

우산

비 오는 날이 많았지만 바쁜 부모님은 학교 앞에 우산을 들고 기다려 주지 않았다.

항상 오는 비를 다 맞고야 집으로 왔다.

뿔이 나서 "치이, 엄마는 왜 한 번도 우산을 들고 오지 않아.
친구들은 엄마도 아버지도 오는데."

"미안해 갈 수가 없었어." 엄마도 비를 흠뻑 맞고 일을 하고 왔다.

우박을 내린 날도 여전히 비에 우박에 천둥소리를 들으며 오는데
우박덩이가 얼마나 큰지 종아리를 때릴 때마다 '아야 아야'
어느새 보니 종아리가 붉게 올라왔다.

비바람에 몸이 가벼운 나는 한번씩 붕붕 떠갔다.

비를 몸으로 눈바람을 늘 몸으로 느끼며 학교를 다녔다.

그래서 작아졌을까 우리 반에서 항상 작은 나를
애들은 '땅꼬마, 왕눈이'라고 불렀다.

색동옷

언니 옷을 늘 물려받아서 옷은 항상 컸다.

초등학교 입학하는 날 아버지는 색동옷을 사 주었다.

학교 갔다 오면 바로 벗어서 예쁘게 개어 놓고 큰옷을 접어서 바꿔 입었다.

색동옷은 교복처럼 입고 다녔다.

옷이 해지고 작아질 때까지 참 오랜 세월 아끼며 입고 다닌 기억이 난다.

유일하게 사준 예쁜 내 것이고 좋아하는 옷이었다.

옷도 신발도 그 외에 나는 부모님에게 사 달라고 졸라본 적이 없다.

주면 주는 대로 언니 걸 모두 물려받았지만 싫다고 하지 않았다.

늘 그 외에는 아쉬운 게 없었다.

엄마 놀이

너덧 살 때인가
낮잠을 자고 일어나 보니 집에 아무도 없다.
베개를 엉성하게 업고 엄마 놀이를 하고 놀았다.
"우리 아기 잘도 잔다, 아장아장."
업은 베개를 토닥토닥하다가
툇마루에서 떨어져 머리를 땅에 부딪쳤다.
'으앙' 아픈 머리를 만지며 울려고 주위를 보니 주위에 아무도 없었다.
울어야 달래 줄 엄마랑 할머니가 없었다.
툭툭 털고 일어나서 한 방울 떨어진 눈물을 소매로 훔쳤다.
내가 잠든 걸 보고 모두 일을 하러 갔나 보다.

4부
이불도둑

도마뱀

산 밑 고추밭에 가면 도마뱀이 항상 있었다.
붉은색 도마뱀이 살고 있었다.
엄마가 심부름으로 "저녁에 먹을 풋고추 좀 따와라."
"네." 바로 나간다.
"고추만 따 갖고 와라 한눈 팔지 말고."
엄마는 아신다.
내가 놀고 올 줄을
고추밭에 가서 두리번두리번 찾는다.
모여서 놀고 있을 도마뱀을 찾아서 한 자리 하고 앉는다.
얼마나 바삐 움직이는지 조그만 굴속에
돌멩이 사이로 쉴 새 없이 왔다 갔다 한다.
손바닥에 작은 걸 한 마리 올려놓는다.
작아서 내 손안에서도 잘 논다.
손가락 사이로 숨바꼭질한다.
뒷다리를 잡고 있으면 붕붕 앞발로 움직인다.
발이 네 개로 움직이기에 정말 빠르게 도망도 잘 간다.
숨었다 나타났다 얼마나 분주한지 쳐다 만 보고 있어도 눈이 바쁘다.
나는 손으로 살살 쓰다듬어 준다. 만지면 미끌미끌하다.
한참 보고 있으면 움직임이 너무 귀엽다.

저 멀리서 엄마 목소리가 들린다.

"얘는 고추를 따러 가서 만들어 오나. 왜 안와, 얼른 와 밥 먹자."

급하게 고추를 따 가지고 엄마의 목소리가 들리는 곳으로 향한다.

"얘들아 내일 만나 잘 있어."

아쉬움을 뒤로 한 채 자꾸 뒤를 보지만 친구들은 관심이 없다.

찐빵

"순아 순아" 엄마의 소리에 놀다 막 뛰어온다.

막걸리 반대만 받아 오라며 주전자랑 동전을 준다.

"얼른 갔다 와, 막걸리 쏟지 않게 주전자 구멍 잘 막고."

구멍가게 거리가 3킬로는 되지 않았을까

우리 마을엔 과자만 파는 조그만 구멍가게라 있는 게 많지 않다.

모두 농사와 가축을 키우는 집들이 대부분이다.

주전자를 들고 산을 지나서 논밭을 지나 큰 마을을 지나면

막걸리도 팔고 담배 그 외에 술, 과자, 음료 먹을 게 참 많은 곳에 가게가 있다.

밀가루와 막걸리를 반죽해 아래 목에 덮어 놓으면

그다음 날엔 부풀어 올라서 이불이 함지박처럼 배가 올라와 있다.

엄마는 팥으로 앙금을 만들어 놓고 다 된 반죽을 떠서 팥 한 줌씩 넣고 빵을 만든다.

가마솥에 장작불을 지펴 놓고 하얀 명주천을 깔고 그 위에 빠른 손놀림으로 찐빵을 동그랗게 빚어 놓는다.

한 솥 가득 만들어서 뚜껑을 닫고

불을 자작자작하게 뜸을 들이고 밭에 일하러 간다.

조금 있으면 할머니가 불 조정을 하면서

'빵이 익었나' 젓가락으로 찔러본다.

젓가락에 묻어 나오지 않으면 그릇에 몇 개 꺼내서 식혀 준다.

한 입 베어 물면 빵에서 배어 나오는 막걸리 냄새와 어우러져 코와 입이 즐거워진다.

엄마의 찐한 손맛이다.

아버지 주먹만한 찐빵을 쉴 새 없이 부엌을 드나들면서

몇 개 먹으면 금방 배가 공만 해진다.

음식은 다 맛있지만 그중에 손꼽는 것은 찐빵과 수수부꾸미다.

내가 좋아하는 팥을 아끼지 않고 가득 넣어준다.

엄마는 바쁜 와중에도 집에 먹거리를 항상 넘치게 만들던

그 시절이 지금도 부자처럼 느껴진다.

알밤

밤이 아람이 벌어져 떨어지기 시작하면
동네 사람들이 새벽부터 밤까지 밤나무 주위를 맴돌면서 떠나질 않는다.
부모님은 바빠서 밤나무 근처를 갈 수가 없으니 엄마의 잔소리가 시작된다.
"에구 집 앞에 있는 밤도 못 주워 먹네 순아 벌써 친구들이 다 왔다 갔어,
너는 아직도 잠을 자냐, 우리 애들은 아침잠이 많아 게을러서 어찌 쓴다니."
잔소리에 이불 속으로 점점 더 기어 들어간다.
알밤을 줍지 않아도 집에는 밤이 많다.
아버지가 어느 정도 밤이 벌어지면 대나무 장대로 모두 따서
마당에 송이 째로 가져다 놓고 풀을 잔뜩 덮어 놓는다.
필요할 때마다 몇 송이씩 꺼내서 발로 비벼 깐다.
겨울 내내 밤은 엄청 많다.
뒷산 전체가 밤나무로 도배를 하듯이 많았다.
잔소리에도 아랑곳하지 않는 것은 믿는 구석이 있었다.

엄마는 '왜 몰랐을까 나는 아는데.' 말이다.

가을걷이

마당 한가득 빨간 고추가 실하게 널려있고
들깨 참깨 깻단들이 담장을 빼곡하게
나래를 치고 울타리 넝쿨엔
수세미가 주렁주렁

지붕 담 넝쿨엔 제멋대로 나뒹구는
누런 호박이 덩그라니 있고
마당 한편 텃밭에 다양한 채소들의
싱싱함이 가득히 쌓여있다

텃밭 귀퉁이마다 무성한 과일나무들
감 대추 복숭아 자두 사과 자두 배나무와
제철 과일들의 풍성함

동산 가득 밤 잣 상수리나무로 가득 차고
솔나무 향 가득한 그곳엔 살고 있는
곤충 가족 새들의 찬란한 소리들

재 너머 밭에 가면 수박 참외 토마토

옥수수가 주렁주렁 열매마다
계절 따라 가득가득 채워져 있고

가을 들녘엔 누런 벼들이 즐비하게 줄 서서
차례를 기다리는 그곳이 내 고향의 풍경
그곳에서 어린 시절을 자연과 같이 살았다

늘 그리움을 선사하는 나의 고향
일손 바쁜 엄마 아버지를 도와서
난 어린 시절 동심의 세계를
맘껏 누리며 살았다

가진 것이 많은 게 아니라 늘 집에는
먹을 것이 많아서 친구랑 나눠 먹으며
행인도 배불리 먹이는 엄마 아버지를 보며
다른 사람에 대한 배려도 배웠다
고향에 대한 그리움이 늘 나의 눈에 선하다

이불 도둑

엄마의 다급한 소리가 들린다.

"수니 아버지 수니 아버지, 수니야 아버지 불러와라

저기 봐요 저것 좀 봐요 이불을 가져가고 있어요.

도둑이야, 도둑 잡아라. 이놈 잡아라."

대낮에 빈 집인 줄 알고 도둑이 들어와서 이불을 가지고 뛰어가는 걸 엄마가 마당에서 보고 쫓아오면서 아버지를 부르고 있다.

그 소리에 이불은 건넛방을 지나 개구멍에 던져 놓고 아저씨가 산 쪽으로 도망을 간다.

하루 이틀 보는 장면이 아니다.

가난한 시절 변변한 살림하나 없던 시절 집안에 모든 살림이며 밭에 곡식이며 장독에 된장 고추장까지 잃어버렸던 기억이 생생하다.

엄마는 나가면서 집을 잘 지키라고 했다.

싸리 울타리에 대문도 없는 시골집은 누가 와도 '어서 오세요'다.

가족 모두 밭으로 학교로 논으로 다 나가고 집은 텅 비어 있었다.

산으로 뛰는 아저씨를 보며 얼마나 없었으면 이불을 들고 뛰다가 걸렸을까 그 시절엔 그러려니 하고 산다.

같이 나눠먹고 빌려주고 그냥 주면서 살았다.

이불도 던져 놓고 도망가는 뒷모습을 보면서 어린 마음에도 슬펐다.

손 때 묻은 이불도 없어서 힘들었을 아저씨의 뒷모습이 아련하다.

불이야 불

부엌엔 나무를 때서 음식도 하고 방에 군불도 땠다.
항상 아궁이에는 불씨가 있었다.
소죽도 쑤고 돼지 밥도 끓이고 아궁이에 할 일은 참 많았다.
학교 끝나고 집에 와 보니 아무도 없다.
건넛방 부엌에 불빛이 보였다.
"할머니 할머니"
아무 인기척이 없다.
불빛을 보며 부엌으로 가다가 너무 놀랐다.
아궁이에 불이 옆에 쌓아 놓은 나무로 옮겨붙고 있었다.
주위를 둘러보니 아무도 없었다.
급하게 나무를 분리해 놓고 아궁이로 불길을 밀어 넣으면서 소리를 질렀다.
"엄마 할머니 불이야, 불이야, 불이 났어요."
양동이로 물을 붓고 혼자 왔다 갔다 하면서 불을 끄고 있었다.
옷으로도 끄고 할 수 있는 모든 방법을 동원할 때 엄마가 들어오면서
이 광경을 보고 물을 가져와서 붓기 시작했다.
어느새 불이 자작해졌다.
그날 저녁 엄마가
"오늘 수니 아니었으면 초가 산간 하나 있는 집 다 태우고 거리로 나앉을

뻔했다. 우리 딸 없었음 어쩔 뻔했어."
　식구들이 천만다행이라 했다.
　매일 '아들, 아들 우리 아들'만 얘기하던 엄마가
　딸이 있는 걸 좋아하셨다.
　그날 만큼은 내 어깨가 으쓱 올라간 저녁이었다.

아줌마

매일 아침 손님이 있다.
밥 먹을 때쯤 빼놓지 않고 와서
밥 한 술 뜨고 머뭇머뭇 아버지 눈치를 본다.
"우리 애가 학교를 안 가요 돈 줘야 간다고 돈 좀 빌려줘요."
아버지는 주머니에서 얼른 꺼내준다.
아줌마가 가고 나면 아버지는 "학교 갈 때 준비물이나 돈이 필요하면 전날이나 미리 얘기만 하면 과부 집 딸라 이자를 빌려서라도 줄 테니 미리만 얘기해." 하고 다짐을 한다.
돈은 항상 있는 게 아니라 없을 수도 있으니까
아침에 매일 오는 이웃집 아줌마를 보면서
"아침부터 남의 집에 돈 빌리러 다니는 건 아니다 아니야.
어제 저녁에 왔어야지."
아버지는 항상 돈을 빌려주며 웃었다.
"빌려서라도 아이들 공부는 시켜야지.
가난한 건 부모 잘못이지 애들 잘 못이 아니야."
아줌마네 아저씨는 회사 경비로 있어서 낮에는 매일 자고 있었다.
자식은 6명 정도 있었다.
우리 집은 먹을 건 많았다.
농사도 짓고 손님도 많이 왔다.

아줌마는 항상 우리 집에 아침부터 거의 있었다.

아줌마가 오면 애들도 같이 왔다.

엄마는 항상 먹을 걸 같이 나눠 먹었다.

뚱뚱하고 엄청 느린 아줌마의 행동은 매일 똑같았다.

오랜 세월 변하지 않았던 아줌마의 모습은 내 삶의 일부처럼 기억 속에 남아있다.

고추 도둑

여름내 엄마는 빨간 고추를 따다가 마당에 널어놓았다.

할머니는 앉아서 고추를 다듬거나 벌레 먹은 걸 가위로 잘라 내기도 하고 상한 걸 따로 분리했다.

고추를 딸 때가 되면 항상 하는 일이다.

집에 손님이 많이 와서 고추 농사를 많이 해야 음식이나 김치가 떨어지지 않게 쓸 수 있을 만큼 없어서는 안 될 중요한 일이었다.

밭에 갈 때도 엄마는 손 하나 더 빌리자고 나를 불렀다.

친구들과 놀고 싶었지만 시키는 일을 해야 했다.

말린 고추를 비닐에 가득 담아 광 한곳에 차곡차곡 쌓아놓았다.

마당엔 어제 따온 고추와 일주일 전에 따온 고추를 멍석마다 분리를 해 놓았다.

비가 자주 오기에 엄마는 날씨에 예민했다.

할머니는 항상 집 근처에 있었다.

밭에서 김을 맬 때도 텃밭에 있었다.

비 오면 '수니야 고추 걷어라'

너무 급하면 멍석을 말아서 덮어 놓는다.

비를 조금이라도 덜 맞아야 한다.

애지중지 말려서 잘 놓아둔 고추를 집에 사람이 없는 날 낯선 아저씨들이 차를 대놓고 실어갔다.

밖에서 일을 하고 돌아온 엄마가
'팔딱팔딱' 발을 동동 구르며 진정을 못한다.
"광에 고추가 없어졌어 어떤 놈이 가져 간 거야 다 알고 가져갔지."
그날 우리 집 포함 동네 몇 집도 고추 도둑을 맞았다.
장사꾼이 남의 것을 가져다 판다고 했다.
엄마는 억울해 했지만 잃어버린 고추는 찾을 수가 없었다.

거지 할아버지

할머니는 지나가는 사람도 배가 고프다고 하면
꼭 상에다가 밥이며 반찬을 정갈하게 담아서 깔끔하게 차려 주었다.
그냥 바닥에 대충 준 적이 없다.
멀리서 꾸부정한 모습으로 걸어오는 할아버지를 보면 얼른 부엌에 가서 맛있는 걸 모두 차려서 내왔다.
"얼른 한 술 뜨고 가여, 더운데 찬찬히 많이 드셔."
배가 많이 고픈 할아버지가 허겁지겁 먹으면 옆에서 반찬이며 국을 더 떠서 준다. 밥도 한 그릇 더 떠놓고
할아버지가 얼추 다 먹고 나면 숭늉도 주면서 "또 와요. 지나가면 들려요. 배고프면 언제든지 와요." 한다.
할아버지는 고개만 끄덕거리고 고맙다고 인사만 한다.
우리 집엘 아주 많이 왔지만 목소리를 들어 본 적이 없다.
할아버지가 지나갈 때 아이들이 놀린다.
'작년에 왔던 각설이 죽지도 않고 또 왔네 얼씨구 들어간다 절씨구 들어간다.'
할머니는 애들을 쫓으면서 "이놈들 저리 가 저리 가지 못해." 한다.
할아버지는 웃고 있다.
'뭐가 그리 좋을까' 할아버지가 화내는 모습을 본 적이 없다.

상여 집

우리 집이 동네 첫 집이고 산 밑에 있었다.
뒷산엔 조그맣게 지은 상여 집이 있다.
동네에서 어른들이 죽으면 사용한다.
상이 있는 날은 아줌마들이 모여서 밤새 꽃을 만든다.
꽃으로 장식하고 끈도 화려하게 다시 정비도 하고 새롭게 만든다.
어른들이 상여를 메고 그 뒤에 가족들과 동네 사람들이 울며 따라간다.
작은 마을이었지만 어릴 때에는 자주 보았다.
미리 산소를 파 놓고 상여 속에 있는 분을 묻고 와서 다시 상여 집에 가져다 놓는다.
친구들과 밤에 상여 집에 들어가서 누가 오래 있다 나오나 내기를 한다.
숨바꼭질 할 때도 그 곳에 숨었다 애들이 찾지 못해서 잠이 들은 적도 있다.
상여 집은 숨바꼭질로 숨기에는 아주 좋았다.
어른들도 들어가지 못하게 하지만 애들도 무서워서 잘 안 들어간다.
나는 가끔 들어가서 숨기도 하고 만져 보기도 한다.
숨어 있기에는 제격이고
무섭기보다는 신기한 놀잇감이었다.

들풀

학교 오고 가는 길은 참 멀었다.
놀 거리를 찾지 않으면 심심했다.
오면서 풀로 머리도 땋아 놓고 양옆으로 묶어 놓기도 한다.
그곳을 지나가는 사람은 무심코 가다가 걸려 넘어진다.
나도 수없이 걸려 넘어진다.
앞으로 폭 꼬꾸라지면 무릎도 깨지고 손바닥도 피가 난다.
너무 방심하고 잘 아는 길이라 씩씩하게 가고 달려가기도 한다.
손을 툭툭 털고 가면서 나도 수없이 묶어 놓는다.
벌레가 있으면 쭈그리고 앉아서 움직이는 걸 구경한다.
개미는 짐을 한 짐씩 지고 바쁘게 간다.
보고 있으면 그 짐을 개미구멍 속으로 가져간다.
엄청 분주하다.
그렇게 마을도 지나고 야산도 지나서 어느덧 집이 저만치 보인다.
한달음에 뛰어가지만 보이는 집이 꽤 멀다.
앞이 논이라 환하게 보일 뿐 거리는 수없는 논둑길을 지나야 한다.
논길은 매끄럽고 좁다.
하지만 큰 길로 돌아가면 더 멀기에 최대한 지름길을 선택한다.
가다가 미끄러져서 논에 빠지기도 한다.
많이 다닌 길이라 그럴 일은 없지만 비가 많이 오는 날은 엄청 미끄럽다.

빗길에 가방을 메고 우산을 들고 작은 논둑길로 오면 서커스를 하고 오듯 갈팡질팡한다.

풀도 나의 친구다.

내가 무얼 해도 기다려주며 나랑 잘 놀아준다.

호롱불

친구네는 우리 집에서 마을을 세 군데나 지난 외딴 마을이다.
전기가 들어오지 않아 호롱불을 켜고 산다.
집에 놀러 가면 친구 누나가 엄청 잘 챙겨준다.
친구보다 언니가 좋아서 먼 길을 많이 놀러 간다.
"수니야 어서 와 놀러 왔어, 우리 호야 보러 왔구나, 뭐 줄까?"
먹을 걸 챙겨 주고 같이 놀아준다.
언니가 놀아 주고 얘기도 해 주는 게 재밌고 좋아서 시간 가는 줄 모른다.
"호야가 안 오네." 전화가 없던 시절 우리는 무조건 친구네로 간다.
친구가 없는 날이 더 많다. 그래도 아쉽지 않다.
그때는 늘 있는 일이다.
난 언니랑 실컷 놀고먹을 것도 다 먹었지만 친구는 들어오지 않는다.
"자고 가 멀어서 언제 가노. 자고 내일 가라 수니야."
"네, 언니."
어느덧 저녁이 되어 방이 어두워지려고 하면 언니는 심지에 불을 붙여 '호롱불'을 켠다.
호롱불이 신기해 쳐다본다.
석유 냄새가 코를 자극한다.
미세한 불이 바람에 흔들린다.
방안에 불빛은 어둠을 몰아간다.

그 불빛이 좋다.
언니 옆에 이불을 펴준다.
어느새 꿈나라로 간다
호롱불이 나의 꿈속에 들어온다.
같이 하늘을 날아다닌다.
꿈에서도 어둠을 몰아준다.
"또 놀러 와야지.
내 친구 호롱불아 또 만나자."

꿩

콩을 반 쪽 잘라 안쪽에 사이나를 넣고 산길에 쪼르륵 뿌리며 간다.
내려오는 길에 죽은 꿩을 주워서 허리춤에 낀다.
집에 오면 꿩의 내장을 빨리 꺼내야 한다.
상하면 못 먹는다.
할아버지랑 꿩을 잡으러 가면 할아버지가 가르쳐 준다.
할아버지는 총을 쏘고 꿩이 맞으면 나보고 가져오라고 한다.
꿩을 잡는 날은 고기를 먹는 날이다.
꿩 국을 끓이는 엄마는 가마솥에 깨끗이 손질한 꿩을 조각내서 넣고 냄새가 나지 않게 갖은 양념을 넣는다.
큰 솥에 불을 지피고 푹 끓인다.
불이 밖으로 나가지 않게 잘 지키라고 하고 상을 차린다.
식구를 불러 밑반찬에 꿩국을 한 사발씩 퍼 준다.
고기보다 야채랑 국물이 많은 얼큰한 꿩국은 식구들 입맛을 돋우어 준다.

*사이나 - 맹독물 청산가리의 속어

교회

동네 양계장 자리에 교회가 생겼다.

가마니를 깔고 앉아서 예배를 드렸다.

서울 영락 교회에서 잘생긴 전도사님이 왔다.

말도 예쁘게 하고 야단도 안치고 칭찬만 했다.

동생 둘을 데리고 교회를 다녔다.

가면 먹을 것도 주고 노래도 가르쳐 주고 예수님 이야기를 들려주었다.

하얀 와이셔츠가 눈이 부실 만큼 깔끔한 전도사님은 항상 웃고 항상 반겨주었다.

동생이 우는 소리만 나면 어디선가 듣고 나타나는 엄마의 시선에서 최대한 멀리 가려면 동네 끝자락에 교회는 나의 은신처이자 피난처이며 행복한 대피소다.

'언제나 누구든지 환영'

동생도 같이 놀 수 있는 곳이다.

교회에는 사람들이 항상 많았다.

아무도 화를 내거나 가라고 하지도 않고 먹을 것도 계속 챙겨주며 놀 거리도 엄청 많았다.

나는 교회에서 살았다.

저녁이 돼서야 가기 싫은 발걸음으로 집을 향해 갔다.

교회 마당서 동생들과 흙장난을 하면 전도사님이 나오면서

"오늘도 동생 보는구나 착하기도 해라.
엄마는 일 가셨니?"

"네."

"들어와서 놀아라, 덥다."

이 말을 기다렸다는 듯이 안으로 들어간다.

어릴 적 내 무대는 교회이다.

예수님은 내 인생에서 정말 좋으신 분이다.

이곳에서 꿈을 키웠고 사랑을 배웠다.

문둥병

　큰 대문 앞 텃밭에 볏짚을 쌓아 놓은 곳에 문둥병 할아버지가 살았다.
　싸리문은 항상 열려 있고 그곳으로 드나 들어서 큰 나무대문은 거의 빗장으로 닫혀 있었다. 문을 사이에 두고 할아버지는 그곳에 주로 있었다.
　할머니가 먹을 것을 노상 챙겨다 주었다.
　"저 할아버지 옆에는 가지 마라 애들 간 빼어 먹는다." 하며 가까이 가지 못하게 했다.
　집에 아무도 없으면 궁금해서 그곳을 기웃거려 본다.
　볏짚 속에서 배꼼 얼굴을 내밀며 손짓을 한다.
　"이리 와 봐 할아버지 무섭지 않은 사람이야."
　"할머니가 가면 안 된대요."
　난 대문 안으로 쏙 들어간다.
　손에 붕대를 잔뜩 감고 얼굴도 칭칭 감아서 눈만 보인다.
　오랜 시간이 지났어도 할아버지는 그 곳에 살았다.
　얼굴을 환하게 드러낸 적이 없다.
　항상 꾸부정하게 웅크리고 있었다.
　먹을 걸 가져다 놓으면 사람이 가야 가져가서 먹었다.
　언제나 날 보면 손짓을 하며 웃었다.
　눈가에 웃음이 있음을 알았다.
　할아버지는 사람이 그리워서 우리 집 옆에 살았나 보다.

쥐약

곡식은 광에 많았다.

추수를 하고 쌀, 밭작물을 차곡차곡 쌓아 놓았다.

일 년 양식이다.

집에 쥐가 많은데도 광에 먹을 게 많으면 더 많아진다.

동네 쥐 친구들을 부르나보다.

쥐덫, 쥐약 쥐가 싫어하는 거는 총동원된다.

쥐약 놓는 날을 정해서 온 동네가 다 같이 약을 놓았다.

'모두 같이 죽어야 해, 그래야 쥐가 줄어들어.'

고양이도 많다.

그래도 쥐는 항상 많았다. 새끼도 7~8마리를 낳는다.

기하 급속으로 늘어난다.

쥐약을 온 동네 집집마다 놓는데 생선이나 북어를 약이랑 잘 섞어서 쥐가 다니는 길에 놓았다.

쥐만 먹어야 하는 데 새끼 강아지가 가끔 먹어서 온 집을 뒤집는다.

갑자기 강아지가 마루 밑으로 들어가서 '깨갱 깨갱' 죽는다고 소리를 지르고 구르고 어쩔 줄 몰라 한다.

만질 수도 없다.

눈이 벌써 파랗게 뒤집혔다.

주인에게 도와 달라는 눈빛이다.

엄마와 난 불쌍해서 같이 울었다.

가족들은 어쩔 줄 몰라 한다.

해줄 수 있는 게 없다.

엄청 괴로워서 몇 시간을 고통 속에 몸부림치다 한밤중이 되면 마루 밑 제 집에 죽어있다.

쥐를 잡아야 할 쥐약이 개나 고양이가 죽어있을 때가 종종 있다.

엄마는 "쥐약을 높은 곳에 쥐 다니는 곳에 놓지 꼭 강아지 다니는 길목에 놓지. 속상해 에구 속상해." 한다.

"아버지가 범띠라 짐승이 잘 안돼. 띠가 세서 그래."

강아지는 얼마나 힘을 쏟았는지 이를 악물고 죽어 있었다.

아버지는 아무 말 없이 뒷산에 강아지를 묻어 주었다.

'잘 가라 멍멍아, 불쌍한 내 멍멍이……'

젊은 새댁

가끔 집에 오는 새댁이 있다.

애기를 등에 업고 오는 데 할머니는 오자마자 밥이며 먹을 걸 챙겨준다.

굶었는지 행색도 초라하고 얼굴도 야윈 모습이 힘이 없어 보인다.

밥은 편하게 먹으라고 애기도 봐 주면서

"꼭꼭 씹어서 천천히 먹어.

체할라."

할머니의 모습은 엄마 같다.

'숨겨놓은 딸일까, 아닐 텐데…'

얼추 밥을 다 먹으면 광으로 간다.

쌀자루에 쌀을 퍼 담는다.

자루를 채울 만큼 담아서 묶어 머리에 이어준다.

"밥 굶지 말고 가서 애들 밥해서 먹여."

머리를 숙여 인사를 하고 급한 발걸음으로 시야에서 사라진다.

"할머니 누구야? 어디 살아? 잘 아는 집이야? 집에 애들 있는 거 어떻게 알아?"

할머니는 "잘 몰라.

불쌍한 사람이야! 애기들을 혼자 키우나 봐."

아무것도 모른다고만 한다.

할머니 표정은 슬프다.

"젊은 나이에 애들은 어떻게 키우나."

아줌마가 간 길을 안 보일 때까지 보고만 있다.

"어디에 살든 잘 살아야 한다."

나는 자라면서 아줌마를 자주 봤다.

올 때마다 할머니는 쌀이며 농사 지은 곡식들을 듬뿍 챙겨 주었다.

순천이 언니

순천이 언니는 네발로 걸어 다닌다.

말도 잘하고 잘 놀아 준다.

이리 뛰고 저리 뛰고 종횡무진 어디로 튈지 모르는 우리는 무얼 해도 재밌었다.

우리가 있는 곳이면 옆에도 어느 곳이든 순천이 언니는 네발로 걷고 뛰면서 같이 다녔다.

늘 밝고 잘 웃었다.

엉덩이는 하늘로 치솟았고 머리는 땅을 보고 있지만 잘 걷고 뛰어다녔다.

언니가 할 수 있는 놀이나 장난을 참 좋아했다.

같이 놀아주고 먹을 게 있으면 나눠 주었다.

집에도 많이 놀러 갔다.

언니네 집에 가면 마루에 앉아 있다.

밖에서 네발로 걸을 때나 집에서 앉아서 엉덩이를 밀고 갈 때도 빨랐다.

언니한테 놀러 가면 손으로 하는 놀이는 잘 따라 했다.

'퐁당퐁당 돌을 던지자 누나 몰래 돌을 던지자'

노래를 하면서 손 모양으로 가는 실로 놀이를 하거나, 같이 율동하는 모습은 나보다 잘했다.

언니랑 노는 게 재미있었다.

어느 날 언니가 보이지 않았다.

아무리 물어봐도 대답해 주는 사람이 없다.
정말 슬펐다.
'아파서 병원에 입원했나 봐 큰 병원에서 데려 갔다'고 했다.
그 후로 언니를 본 적이 없다.

고구마

겨울밤에 깎아 먹는 고구마는 아삭아삭 참 달았다.

산 밑에 넓은 밭이 있다.

그 밭은 돌이 많이 있었다.

그곳 가득 고구마를 심었다.

고구마는 손이 덜 가고 겨울 양식이라 많이 심었다.

가마니로 열서너 가마니에서 많게는 이십 가마도 캤다.

광으로 고구마가 가득 찼다.

겨우내 쪄서 먹고 화로에 굽고 손님 오면 같이 내놓고 밤에 입이 궁금하면 날 것으로 까먹었다.

고구마가 못생기고 상처가 나면 돼지 밥 끓일 때도 넣어서 끓여줬다.

일 년 내내 먹고 고구마가 떨어질 때가 되면 캘 때가 또 돌아온다.

떨어지지 않고 먹었다.

참 먹을 게 많은 시절이었다.

귀뚜라미

방에는 항상 귀뚜라미가 있었다.
'콩닥콩닥 통통' 잘 뛰어다닌다.
'팔짝팔짝' 멀리도 뛴다.
손으로 잡아서 손바닥에 올려놓거나 다리를 잡으면 널을 뛴다.
자다 보면 얼굴 위로 폭 앉거나 팔을 건드린다.
잠결에 옆으로 치우며 "저리 가 잠자게." 밀어 버린다.
장판 밑에를 열어도 '톡' 튀어나온다.
흙집이라 귀뚜라미가 많다고 할머니는 얘기하면서 "사람을 해치지 않아 괜찮아." 한다.
같은 공간에서 같이 자고 먹고 귀뚜라미랑 산다.
방에 항상 있어도 가족 중 누구도 귀찮아하거나 내쫓지는 않았던 거 같다.
그렇게 낮이나 밤이나 '귀뚤귀뚤' 울면 그 소리에 잠이 들거나 깬다.
울기도 많이 운다.
사방에서 들리던 귀뚤귀뚤 귀뚤귀뚤 소리가 멈추면
겨울이 시작된다

찔레꽃

마당 옆 복숭아나무 옆으로 하얀 찔레가 피었다.

줄기를 잘라서 먹으면 부드러운 게 맛있다.

그 맛에 자꾸 둑으로 내려가면 엄마는 "내려가지 마. 찔레 꽃 냄새를 뱀이 좋아해 위험해. 뱀이 웅크리고 있으면 어떡하려고 그래 가지마라."

'뱀이 찔레꽃을 왜 좋아 할까.

꽃도 예쁘고 향이 너무 좋은데.'

엄마 몰래 찔레꽃 근처를 맴돈다.

가시에 찔리기도 하지만 연한 순은 먹어도 또 먹어도 맛있다.

뱀을 보는 것보다 꽃의 아름다움에 그냥 지나칠 수가 없다.

찔레꽃 근처에서 얼쩡거리면 어느 날은 발밑으로 뱀이 스르륵 지나간다.

독이 없는 뱀은 사람을 보면 도망간다.

깜짝 놀라지만 뱀도 나 보고 놀라서 도망간다.

서로 놀란다.

찔레는 아무리 봐도 연한 순은 맛있고 하얀 꽃은 나를 유혹한다.

손짓하며 같이 놀자 한다.

'고마워 찔레야 같이 놀자.'

5부
아버지의 웃음

인절미

일년내내 떡이 집에 항상 있다.
큰 시루에 찹쌀을 한말 쪄서 절구에 가져다 놓으면
아버지는 하얀 속옷 차림으로 '철썩철썩' 절구질을 한다.
엄마는 손에 물 칠을 하며 가운데로 모아놓는다.
'얼마를 했을까 다 했을까' 할 때쯤이면
"떡 먹어라 따뜻할 때 먹으면 맛있어, 얼른들 나와"
지나가던 동네 사람들 이웃집 아줌마들 아이들이 모여든다.
엄마는 콩고물을 묻혀서 싹둑싹둑 잘라서 내 놓는다.
아버지가 인절미를 좋아해서 인절미가 떨어지는 날은 거의 없다.
찰떡은 목에 걸려서 못 먹지만 나를 위해
엄마는 시루에서 쪄놓은 찰밥을 따로 챙겨 놓는다.
손으로 정신없이 집어먹는다.
정말 맛있다.
인절미를 못 먹어서 아쉬운 적이 없다.
찰밥이면 족하다.
찰떡은 못 먹지만 메떡은 잘 먹는다.
백설기, 팥떡, 송편은 잘 먹는다.
벼와 찰벼농사를 많이 해서 집에 쌀은 항상 있었다.
떡은 우리 집 먹거리 중 하나이다.

지금도 인절미를 보면 맛있게 먹고 어깨춤을 잘 추던 그리운 아버지가 저절로 생각이 난다.

우리 집 재산 1호 황소

아버지랑 언니가 돈을 모아서 한우 암소 어미를 이백오십만 원에 사왔다
그 당시엔 큰 살림밑천이었다.
어릴 적엔 소달구지를 많이 타고 다녔다.
어미 소는 아버지와 일을 같이 했다.
그 많은 논도 밭도 소가 다 갈아 주었다.
장에 나갈 때도 아버진 달구지에 짐도 싣고 사람도 타고
시장엘 나가곤 했다.
누런 황소는 터덜터덜 아버지가 이끄는 데로 논도 갈고 밭도 갈고
장날엔 짐꾼처럼 짐을 가득히 싣고 다녔다.
누런 황소를 집 뒷산에 풀이 많은 곳을 골라 먹이느라 매어 놓고
아버진 나에겐 소가 풀을 잘 먹나 보라고 했다.
그리고 나쁜 짐승이 오나 안 오나 망을 보라 했다.
집 뒷산엔 마을 광경이 한 눈에 다 보였다.
푸른 산과 졸졸졸 흐르는 시냇물, 푸른 논도 다 보였다.
풀밭 위에 누워서 한잠씩 잤다.
그날도 소는 풀을 먹고 있고,
난 누워서 푸른 하늘을 보고 있다가 잠이 들었다.
눈을 떴을 때 소가 줄이 풀렸는지 소가 안 보였다.
'이런 어쩌지' 놀라서 소만큼 눈을 동그랗게 뜨고 주위를 둘러봤다.

놀라서 덜 깬 몸으로 벌떡 일어났다.
저만치 흐릿하게 보였다.
뛰어가 보니 다행히 소는 주위에 맛있는 풀을 보고 움직였나보다.
멀지 않은 곳에서 쉴 새 없이 먹고 있다.
내가 가니 나를 보며 '음매 음매'한다.
나를 보면서 '걱정 하지 마'
큰 눈망울에 늘 물이 약간 고여 있는 듯 내 눈을 닮았다.

아버지가 준 용돈

어미 돼지를 몇 마리씩 키워서 새끼를 내거나 돈이 아쉬울 때는 팔았다.
어미 돼지는 이십만 원이었다.
돼지를 파는 날은 엄마 몰래 돈 이십만 원을 주시면서 급할 때 쓰라고 했다. 비상금으로 말이다

그날도 가방에 이십만 원이 있는 날이었다.
여고를 다닐 때다.
학교 수업과 학원을 마치면 열시가 넘는다.
집에 갈 시간이 가까울수록 무서워진다.
우리 집은 하일동에서도 버스가 다니지 않는 외진 곳이다.
집을 가려면 버스에서 내려 산을 넘고 냇가를 지나서
긴 논길을 지나야 갈 수 있다.
그날도 무섭긴 했지만 최대한 빠른 걸음으로 가고 있었는데,
앞에서 덩치 큰 남학생 셋이 가고 있었다.
나는 내 갈 길을 가고 있었지만 속으론 겁을 먹고 있었다.
갑자기 가던 남학생들이 뒤를 홱 돌며 칼을 내 옆구리로 대며
"돈 있는 거 다 내놓아." 난 순간 "학생이 돈이 어디 있어." 하며
가방을 남학생에게 던졌다.
"확인해 봐."

갑자기 셋이 다투고 있었다.

한 남학생이 다치겠다며, "얼른 가라, 가다가 아무한테도 얘기하지마."

"얘기하면 너 어디 사는지 학교도 아니까 알아서 해, 가만히 놔두지 않을 거야."

돈이 있으면 저렇게 자신이 있겠냐며 셋이 다투고 있었다.

한 남학생이 "있으면 넌 죽을 줄 알아."

"없어." 하니 가라고 하면서 셋이 의견이 맞지 않는지

티격태격 하고 있었다.

서로 본인 말이 맞다고 하며 말이다.

난 뒤도 안 보고 열심히 뛰어서 집으로 왔다.

그날 이후로 그 길이 더 무섭고 아찔했다.

엄마는 울 집 사랑방에 하숙을 시작했는데 급기야는

아저씨들을 번갈아 가며 나에게 마중을 보내기도 했다.

하지만 혼자 그 길을 오는 날이 더 많았다.

이사를 가지 않아서 고2때까지 그 길을 다녔다.

어릴 때 소원은 학교 가까운 데로 이사 가는 것이었는데 지금은 자꾸만 그 길을 걷던 때가 그립다.

동생의 보호자

대대로 살던 조그만 시골마을
개발이 되면서 쫓겨나다시피 삶의 터전을 잃어버리고
농사와 가축을 키웠던 부모님은
경기도 광주로 이사를 가고
천호동에서 언니와 동생 둘이랑 자취를 시작했다.
언니는 직장을 나갔고
난 여고 2학년 때이다.

여동생하고 6년,
남동생하고 10년 차이
여동생이 학교를 유난히 가기 싫어서
가끔 다른 데로 가는 데 여동생이 저 혼자 심심하니까
남동생과 같이 학교가 아닌 다른 곳으로 놀러 가면
담임선생님한테 연락이 온다.

"집에 무슨 일 있니?
며칠째 동생이 학교에 오지 않았어!"

"선생님, 아무 일 없어요, 학교 간다고 나갔어요."

나는 놀래서 학교로 달려간다.

 보호자로 가면
"부모님 안 계시니?"
"아니요."
 선생님이 안 됐는지
 제과점에서 빵이랑 우유를 사주며
 걱정해준다.

"걱정하지 마, 동생 잘 챙겨줄테니."
 그렇게 초등학교를 두 동생이 졸업을 했다.

 초등학교 시절이다.
 학교 거리가 아버지 말로는 오리 4키로
 아침에 분명히 집에 있는 걸 본 두 동생이
 학교운동장에서 흙장난을 하고 있다.

'언제 왔을까?
 분명 아침에 학교 올 때는 못 봤는데 몰래 나왔는데…'

 내가 안절부절하면 선생님이 묻는다.

"부모님 안 계시니?"
"아니요."

"농사 지으셔서 바쁘세요."

"그래서 동생이 쫓아 왔구나."

난 학교랑 교회에서
동생들 잘 본다고
선행상도 몇 번 받았다.

밥 짓는 어머니

모두가 잠든 새벽
누가 깰세라 살그머니
옷을 주섬주섬 챙기며
부엌으로 나간다.
머리에 수건 두르고 무명 흰 저고리에 검은 치마
허리에 끈 묶어서 치마가 거추장스럽지 않게 동여맨다.
하얀 앞치마가 유난히 반짝인다.

급하게 쌀 씻어 가마솥에 안치고
장독서 된장 고추장 간장 퍼서
된장에 청국장 띄운 거로
찌개 끓이고

갖가지 나물 무치고
묻은 독에서 김치 꺼내고
닭장 가서 계란 꺼내
솥뚜껑에 부치고

소박한 밥상 들고 오시던

어머니의 하얀 치맛자락이 눈에 선하다.

아버지 앞에 밥상 내려놓고
아들 딸 깨워서 밥 먹고 학교 가라고 깨우던 엄마
어릴 땐 밥 때가 아니면 부모님을
뵌 기억이 없었다.

짐자전거

아버지가 자전거를 배우고 며칠 후 자신이 있다며
우리 삼형제를 짐칸에 태워서 마을을 벗어나기도 전
그길로 몇 발자국도 못가서 논두렁에 자전거와 같이 처박아 버렸다.
머리부터 발끝까지 진흙에 파묻힌 날 아버진 엄마한테 얘기하지 말라며
우리 삼남매를 개울로 가서 씻기고 말려서 집에 데리고 갔다.
아버진 완전 범죄를 꿈꾸셨고 눈치 백단 엄마는 그냥 못 넘어갔다.

"당신만 타고 다녀 애들은 절대 태우지 말아요. 이그 속상해 애들이 안 다쳐서 다행이지 애들만 다쳤음 당신 알기나 해요."

나와 동생보고 아버지가 태워 준다 해도 타지 말라며 다짐을 하고선 그제서야 씻기고 옷 갈아 입혀주며 먹을 걸 챙겨 주었다.

그날 엄마 눈치 보시느라 아버진 늦은 밤에나 방에 들어왔다.

아버지가 외출을 하려면 나는 먼저 몰래 나가 밖에서 기다리곤 했다.
그런 나를 아버진 무척 예뻐했다.
난 그 이후에도 엄마 몰래 아버지의 짐 자전거를 많이 탔다.
아버지의 자전거가 익숙해질수록 우리 집의 교통수단이 되어 가고 있었다.

워낙 시골이고 교통수단이 없는 1960년대 70년대엔 달구지와 짐자전거와 리어카가 우리 집의 유일한 교통수단이었다.

몸이 아파도 제 넘어 하일동이나 상일동 또는 황산을 나가야 시내이다.
그곳을 가려면 산 넘고 물 건너 동네를 몇 군데 넘어야
시장도 병원도 약방도 학교도 갈 수 있었기에
아버지의 짐자전거는 유일한 낙중의 낙이었다.
늦잠을 잤을 때도 아버진 날 번쩍 안고
허리춤을 꼭 잡으라며 달리고 달려서 학교에 데려다 주곤 했다.

개근이 유일한 목적이다시피 했던 초등학교 시절 결석은 안됐기에,
아프면 아버진 일단 나를 이불로 꽁꽁 싸매서 자전거를 태워
선생님한테 얼굴을 보이고 조퇴를 시켰기에 난 6년 정근상을 받았다.

아버지가 받아야 할 상을 내 이름으로 받았다.

소 팔러 장에 간 날

우리 집은 딸 셋에 쉰둥이 외동 막내아들 사남매다.

아버진 둘째인 내가 아들이길 바라셔서 늘 일터에도 장에도 나를 데리고 다녔다.

내가 남자였으면, 대신 아들 노릇하기를 바랐다.

어릴 때 나는 아버지와 같이 다녔던 기억이 많다.

성남 모란장이 커서 시장도 봐오곤 했다.

소 값도 알아보시거나 팔러 갈 때도 그리고 소싸움 구경할 때 나를 데리고 갔다.

하일동에서 가는 길은 버스를 갈아탈 때도 있고 달구지를 이른 새벽부터 타고 갈 때도 있었다.

어릴 때는 장이 너무 넓어서 쫓아다니기도 힘들었다.

키가 175센티로 키가 커서 아버지의 큰 걸음을 내 걸음으론 뛰어도 못 쫓아갔다.

아버지는 시장에 가면 내가 먹고 싶다고 하면 맛있는 것도 사주고, 소 팔고 오는 날은 아버지의 눈가에 이슬이 맺혀 있었다.

애지중지 키우던 소였기에 정이 많이 들었다.

가격을 흥정하시다 못 팔고 올 때도 있었다.

우리 집에서 돈이 되는 건 소였기 때문이다.

없는 게 없을 만큼 가축의 종류도 많았다.

그중에 어미 소 값이 이백오십만 원이고, 새끼 수놈은 팔십, 암놈은 백만 원 할 때이다.

새끼를 낳으면 얼른 암수부터 구별한다.

암놈은 새끼를 낳아서 잘 팔린다.

하루는 좋은 값에 소를 팔고 섭섭하면서도 기분이 좋아 시장구경을 같이 다녔다.

엄청 넓은 시장은 아버지 뒷모습을 놓치면 그 곳에 서 있어야 했다.

많은 사람 속을 다닐 수가 없었고 인파에 밀려 떠내려가고 있었다.

아버지는 그런 나를 잘 찾았다.

집에 오는 길은 늘 즐거웠다.

연장

농사용으로 쓰는 연장이 집에 많았다.

"수니야 수니야" 부르는 소리에 나가면 "옆집에 가서 톱 좀 빌려 와라."

"아버지 집에 톱 많은데요." 가기 싫어하는 나를 보며 "집에 있는 거는 잘 안 들어서 그래 얼른 갔다 와." "네." 뛰어간다.

빌리러 가는 게 창피해서 가기 싫었다.

머뭇거리며 이웃집 대문을 들어서면 아저씨가 기다렸다는 듯이 "왜 왔어?" 하며 웃으신다. 모기 소리로 "톱 빌려 오래요." 아저씨는 기다렸다는 듯이 "조심해서 가져가." 한다. 숨을 크게 한 번 쉬고 "안녕히 계세요." 하고 집으로 뛴다.

마음이 후련하다.

숙제를 한 것처럼 속이 시원하다.

아버지는 종종 집에도 많은 연장을 빌려 오랬다 가져다주라고 했다.

반복을 시켰다.

어린 난 이해가 안 가서 "아버지 집에 있는 거 쓰세요 빌리러 가기 싫어요." 하면 그냥 웃는다.

어느 날 밤에 아버지랑 엄마랑 얘기하는 소리가 잠결에 들렸다.

"우리 애들은 숫기가 없어서 걱정이야."

"세상 살기가 힘든 세상이야. 어떤 상황이 와도 강해지려면 남한테 아쉬운 소리도 해야 해. 세상은 쉬운 게 없어."

아버지는 우리를 강하게 키우고 싶어 하셨나 보다.

소여물

아버지는 사람은 굶어도 짐승은 굶기면 안 된다고 했다.
저녁이 되면 하루도 빠지지 않고 소죽을 쑤었다.
볏짚을 잘게 자르고 사료에 섞어서 죽을 쑤어 주었다.
볏짚을 자르는 일은 아버지가 시켰다.
볏짚을 넣고 발로 밟으면 '삭둑삭둑' 잘려 나간다.
둘이서 같이 호흡을 맞춰가며 해야 한다.
한사람은 앉아서 기계에 짚을 넣고 한사람은 서서 기계를 손으로 들어올리면서 발로 밟는다.
두 사람이 잘 맞아야 다치지 않고 할 수 있다.
여물을 쑤어 놓으면 엄마가 솥뚜껑을 열어 놓는다.
구수한 냄새가 온 집에 진동한다.
식은 여물을 가져다주면 소가 엄청 좋아한다.
코가 벌름벌름 눈은 꿈벅꿈벅 '음매 음매' 기분 좋은 소리를 낸다.
여물통에 쏟으면 큰 입으로 먹어서 금방 여물통이 빈다.
밤새 되새김질하는 기분 좋은 소리가 들린다.
소밥을 주고 나면 하루가 저문다.

제사

우리집은 제사가 있는 날, 없는 날 반반이다.

부모님은 바쁜 농사에 가축 돌봄에 밤에는 제사준비에 늘 바빴다.

아버지는 제사 상차림을 하고 붓글씨로 글도 써서 놓고 엄마는 하루 종일 요리를 했다.

먹을 게 많은 날이다.

아버지 옆에 있으면 제사상을 차리면서 먹을 걸 챙겨준다.

늦은 시간 드리는 제사는 끝이 없다.

12시에 드린다.

늦은 시간 하는 이유는 모른다.

'조용해야 조상님이 오시나?' '사람이 자야 그분이 오는가?'

옆에서 졸다가 어느새 잠들어 버린다.

상 치우는 소리에 깬다.

엄마가 먹고 싶은 거 챙겨주며 편하게 자라고 이불을 펴준다.

눈 비비며 좋아하는 색동사탕 약과도 먹고

내일 먹을 사탕도 챙겨 놓는다.

제삿날은 내게는 입이 즐거운 날이다.

송편 빚는 날

추석 전전날부터 엄마는 바쁘다.

쌀가루 한 말에 송편 속을 준비하느라 분주하다.

밤도 일일이 까서 놓고

콩도 준비하고 팥은 삶아서 설탕에 비벼놓는다.

깨도 준비하고 쌀가루를 반죽해서 비닐을 덮어놓는다.

명절 때는 집에 오는 아줌마들도 오지 않는다.

모두 각자 집에서 음식을 한다.

추석 전날엔 엄마는 나에게 "수니야 송편 빚으니까 나가면 안 돼." 다짐을 한다.

일일이 한말을 한개씩 만들어야 해서 손이 많이 간다.

추석 전전날부터 송편을 만들 때도 있다.

솔잎도 며칠 전부터 따오라고 한다.

솔잎도 따오면 깨끗이 닦아서 바구니에 말려 놓는다.

엉덩이도 아프고 허리가 뒤틀려서 몸을 한번씩 바꿔가며 하다보면

양이 조금씩 준다.

이틀 내내 송편을 만들다 보면 팥을 좋아하는 나는 맛있어서 먹고 지루해서 한입, 심심해서 꿀꺽 삼킨다.

"그만 먹어 고명 모자란다. 팥 많이 먹으면 배탈 나."

엄마 말을 들으면서도 맛있어서 또 먹는다.

결국 배탈이 나서 다음 날 학교서 화장실을 드나들다 보면 공부도 못하고 돌아온다.

엄청 힘든 하루를 보내고 다음 날은 송편도 보기 싫다.

아무것도 먹고 싶지 않다.

추석도 지나가고 배탈도 괜찮아질 때쯤이면 완연한 가을로 들어선다.

쑥개떡, 쑥버무리

엄마는 틈틈이 쑥이 보이면 뜯어서 삶아서 말려 놓는다.
쌀가루나 밀가루로 대충 버무려서 무명천 깔고 가마솥에 찐다.
쑥 향이 좋다.
쑥버무리도 해주고, 찰 지게 반죽을 해서 쑥개떡을 해준다.
엄마 마음이다.
쑥 향도 좋지만 집에 먹거리가 많아서 좋다.
부엌 가마솥을 열면 엄마는 아무리 바빠도 먹을 걸 해놓고 일을 한다.
학교 갔다 오면 배고픈 걸 잘 안다.
"잘 챙겨 먹어라."
엄마가 없을 때가 많지만 먹을 게 없을 때는 없다.

벼 털기

탈곡기가 몇날 며칠 동안 바쁘다.
앞마당에 멍석을 깔고 벼를 턴다.
아버지의 발 움직임이 빠르다.
며칠을 탈곡해서 마당에 가득 벼를 널어놓고 말린다.
일손이 모자란다.
벼를 매일 밀대로 민다. 반복해서 해가 골고루 가도록 만든다.
벼를 다 말리면 방앗간으로 가져가서 빻아온다.
광으로 쌀가마니가 가득 쌓인다.
기계로 농사를 하던 시절이 아니라 모든 게 손으로 하던 시절이다.
벼를 다 정리하면 아버지는 한시름 놓는다.
광을 보시면서 흐뭇해한다.
일 년 먹을 곡식이 있고 처자식 먹을 양식에 마음이 부자가 되는가 보다.

김장

밭에 배추가 켜켜로 속이 꽉 차면 엄마는 김장 준비를 한다.

밭에 배추, 무, 파, 갓, 미나리 미리 준비해 놓은 마늘, 생강으로 김장 준비를 서두른다.

추위가 오기 전에 해야 한다고 하면서 미리 동네 아줌마들에게 얘기한다.

손님이 많이 오는 집이라 김장은 엄청 많이 한다.

아버지에게 며칠 전부터 항아리 묻을 땅 파놓으라고 재차 말한다.

배추, 무, 파, 갓, 미나리는 밭에서 모두 다듬어서 마당으로 옮긴다.

아저씨들이 다 다듬어 놓으면 날라 준다.

어느덧 한 사람 한 사람 동네 아줌마들이 모인다.

배추부터 소금에 절여야 한다.

무는 닦아서 채에 놓아야 물기가 빠진다.

아버지는 김장 묻을 자리에 항아리를 모두 묻어 놓고

오늘도 밤새 아버지는 채칼로 무를 썰어 놔야 내일 새벽에 양념으로 버무릴 수 있다.

큰 다라 가득 속을 미리 버무려 놓는다.

여기까지는 아버지가 할 일이다.

절여 놓은 배추를 씻어서 미리 준비해 놓은 바구니에 가득 채운다.

물이 어느 정도 빠지면 아줌마들이 속을 넣어준다.

배추 속을 잘 넣어서 독으로 옮겨 차곡차곡 넣어서 독이 다 찰 때까지 꼭꼭

누른다.

  그리고 지레 김치로 모든 양념에 깨소금도 넣어서 큰 다라에 가득 담아 놓고 마을 사람들이 가져간다.

  인심이 후하다.

  가져가고 싶은 만큼 가져간다.

  고기도 한 솥 삶아 놓는다.

  이웃집 모든 사람들이 수육에 절인 배추쌈을 먹으러 온다.

  막걸리도 한잔한다.

  엄마는 속이 시원하단다.

  올해도 큰일을 했다.

  연중 큰 행사이다.

달구지

울 집 재산 일호 황소는 바쁘다.

그 많은 논밭도 다 갈고 새끼도 낳고 마차도 끈다.

장에 갈 때는 아버지가 뒤에 달구지를 달아 놓는다.

장에 가는 게 즐거울 때도 있지만 달구지 탈 때가 더 재밌다.

덜컹덜컹 시골길을 모두 몸으로 느끼며 간다.

덜컹거릴 때마다 "아야아야 천천히 가라 소야, 아프단 말야 엉덩이가 아파." 한다.

소는 열심히 간다.

달구지는 언제 타도 재밌다.

아버지는 짐이 많을 때는 "다음에 타라. 장에 얼른 갔다 올 테니." 하면서 "소가 많이 힘들어해."

섭섭한 마음이 들지만 "네."

어차피 달구지는 못 타는 걸 안다.

"뭐 하고 놀까…"

외할머니

친구랑 인천 바다를 보러 갔다.

저녁이 다 돼서 집으로 오는데 마을 입구에서 친구 엄마가 날 보고 울었다.

"집에 얼른 가봐라 집에 일이 있어 쯧쯧 불쌍해서 어쩌누."

한달음에 달려왔다.

집 앞 싸리문에 상여 등이 걸려있다.

뛰어 들어가니 엄마가 나를 잡고 운다.

"수니야 할머니가 돌아가셨어."

아침에도 평소랑 같았는데 "왜? 왜지? 왜?"

뛰어 들어가 병풍을 밀었다.

"할머니! 할머니!" 삼촌이 나를 안고 나왔다.

한 쪽에서는 동네 아줌마들이 꽃을 접고 있었다. 호상이라고 꽃상여로 꾸민다고 했다.

그 이후로 며칠을 울기만 했다.

태어나면서 할머니 손에서 자란 나는 엄마보다 좋았다.

할머니는 내 삶에 전부였다. 내가 있는 곳이면 항상 있었다.

믿어지지도 않았고 확인해 보고 싶었지만 부모님은 나를 할머니 근처에도 가지 못하게 했다.

'놀라서 잘 못 될까 봐' 상을 치루는 날까지 나를 감시했다.

할머니는 83세에 꽃가마 타고 저 멀리 떠나셨다.

내복 떠준 아버지

아버지는 항상 바쁘다.

밤에는 대바늘로 내복을 실로 떠서 주었다.

까실해서 입기는 싫었지만 추운 겨울엔 입을 수밖에 없다.

내복에 구멍이 나면 다시 꿰매주었다.

장갑, 목도리도 아버지 작품이다.

학교를 가려면 눈바람에 코가 얼고 손이 얼어서 호호 불고 다녀도 추웠다.

손발이 시려워서 동동 구르며 이십리 길을 걸어 다녔다.

오며 가며 새소리에 귀도 기울이고 흰 눈 위에 발자국을 보며 신나서 힘든 줄 모르고 다녔다.

눈싸움도 하고 눈사람도 만들었다.

장갑과 목도리는 겨울에 너무 좋은 친구다.

집에 오면 부뚜막이나 솥뚜껑 위에 올려놓았다.

몇 개씩 떠 주면 좋은데 한 개 밖에 없어서 늘 아쉬웠다.

수제비

　밥 다음으로 가장 많이 먹은 게 수제비다.
　밀가루를 대충 수저로 반죽을 해서 가마솥에 감자와 호박을 숭덩숭덩 썰어서 수북이 넣고 펄펄 끓는 물에 수저로 손으로 막 떠놓는다.
　모양도 없이 크기도 다 다르게 한 솥 끓여서 식구들 동네 사람들 집에 이 일 저 일로 온 뜨내기손님도 한 사발씩 떠서 아무 곳이나 걸터앉기도 하고 쭈그리고 앉아서 김치 한 가지면 배불리 먹는다.
　두 그릇도 먹고 남는다고 엄마가 한 국자씩 더 떠서 가져다준다.
　땀을 흘리며 모두 먹으면 '잘 먹었어요' 배를 두들기며 일어선다.
　푸짐한 수제비는 인기가 많다.
　어떤 날은 고추장을 풀어서 만든다.
　칼국수로 만들 때도 있다.
　반죽을 어떻게 하느냐에 따라 약간 다르지만 맛은 비슷하다.
　여럿이 모여서 먹으니 맛있고 배고파서 먹으니 꿀맛이다.
　어른이 되어서도 내가 좋아하는 음식은
　어머니 손맛을 생각나게 하는 수제비이다.

반가운 손님

까치가 소란스럽게 울어 제친다.

'반가운 손님이 오려나'

갑자기 먼 동구 밖을 본다.

'낯선 사람이 오나 누가 올까'

멀어서 희미하게 사람 모양이 보이면 가까이 오기를 학수고대하며 기다린다.

멀리서 짚차가 보인다.

"엄마 할아버지 오시나 봐." 다급히 부른다.

친척 할아버지가 오나 보다.

차가 보이고 조금 있으면 마당에 멈춘다.

하얀 와이셔츠에 양복 멜빵바지가 잘 어울리는 손님은 외할아버지 동생이다.

외할머니가 7살에 민며느리로 시집와서 키웠단다.

차 안에는 고기와 과일이 가득하다.

바나나도 사왔다.

오늘은 바나나 먹는 날이다.

할아버지는 엽총을 꺼내면서 "따라와 꿩 잡으러 가자." 하고 웃는다.

"네." "어디에 꿩이 있는지 잘 봐봐. 산토끼도 보고."

신이 난 나는 잘 아는 길로 알려준다.

산길을 잘 아는 나는 '꿩이 어디에 잘 나타나는지' '토끼는 어디서 보았는지' 얘기한다.

총 쏘는 법도 알려준다.

산을 한 바퀴 돌고 꿩이랑 토끼도 잡아 오면 엄마는 펄펄 끓는 물에 넣고 털을 벗겨서 손질을 한다.

요리도 맛있게 한다.

할아버지는 맛있게 먹고 할머니 용돈도 두둑이 주고 해가 지면 아쉬운 듯 자리를 털고 일어난다.

할머니 두 손을 꼭 잡고 "엄니 또 올게요."

두 눈에 눈물이 고인다.

고개를 끄덕이는 할머니는 많이 아쉬워한다.

반가운 손님이 오는 날은 가족 모두 좋아한다.

아버지의 웃음

늘 환하게 웃으면 눈가에 주름이 깊게 파인

인자한 모습이 눈에 선합니다.

함박웃음이 늘 눈가, 입가에

머물렀던 다정한 분

아무리 힘들고 어려운 삶이였을지라도

그 삶의 무게 앞에서 늘 웃던 모습

아버지의 딸은 웃음 뒤에 슬픔을

기억합니다.

팔십 평생 삶의 고뇌 속에서 아프다 힘들다

소리 한번 안하고 삶의 무게를 뒤에 감추고

항상 웃음 속에 삶이 있었지요.

아버지의 눈물을 압니다

북한의 두고 온 아내와

늘 그리운 부모님, 형제, 누나 얘기에

눈시울이 붉어졌지요

고향 산천의 그리움

한국전쟁 일제 36년의 시대를

몸으로 살아오셨지요

삶의 무게를 고스란히 짊어지고

자식들 앞에 아무것도 보이지 않고
그저 껄껄껄 웃으시던 아버지의 삶을 사랑합니다.

이 책의 해설

이 책의 해설 _

외할머니 옛날이야기를 듣는 것 같은 시집 읽기

– 정춘근

1. 들머리

"어떤 시가 좋은 글인가요?"

가끔, 문예 창작 시간에 이런 질문을 하는 수강생이 있다. 참으로 난감한 물음이고 내가 시를 쓰면서 고민했던 화두였고 아직도 해답을 찾지 못하고 있는 중이다. 그렇다고 해마다 출판사들이 경쟁적으로 발간하는 『올해의 좋은 시』를 읽어 보라고는 권할 수는 없는 일이다. 왜냐하면 그런 부류의 책들은 출판사 잣대로 편집했거나 유명한 시인 이름을 내세워서 우매한 독자들을 유혹하는 삐끼용 책이기 때문이다. 필자도 한때는 그 해를 대표하는 작품집에 시가 실리는 경우도 있었다. 출판사에서 원고료 대신 보내 준 책을 받아보고 만족하지 않은 경우가 많았다. 이유는 내가 아름아름 생각하는 좋은 시와는 거리가 먼 작품들이 대부분이기 때문이었다. 원인은 출판사의 높은 작품 선별력에 못 미치는 내 부족한 작품관의 결과일 수도 있다는 생각을 하게 된다. 문제는 내가 생계용으로 강의를 나서고 있는데 자료를 준비하면서 좋은 시를 찾는데 애를 먹고 있다는 점이다. 그 동안 나는 도서관에서 20년을 넘게 문예창작 강의를 했다. 보통 두 시간 강의를 하는데 첫 시간은 좋은 작품 PPT 소개, 두 번째 시간은 수강생 작품 합평회로 진행 한다. 1교시 자료 준비를 위해 그 동안 '신체시에서부터 현대 모던한 작품'들을 찾는 작업을 한다. 그런 과정에서 대한민국에서 이름을 얻고 있는 시인들의 작품을 읽고 분석을 해야 했다. 당대를 울리고 있는 작가의 작품에서 느낀 실망을 이름 없는 시인의 작품에서 위안을 받는 경우가 있었고 암호 같은 시편들을 보면서 문학의 앞날에 걱정을 하기도 했었다. 그런 과정에서 얻은 것은 크게 두 가지이다. 우선 문학은 독자와 소통을 전제로 하는 이야기라는 사실을 알게 됐고 쉬운 표현이 공감대를 만들 수 있다는 평범한 상식이다. 필자가 생각하는 좋은 시는 앞에서 이야기한 '소통' '쉬운 표현'이라고 판단하고 있다. 이런 점을 전제로 한다면 이번에 첫 시집을 발간하는 한희순의 시편들은 독자들에게 '외할머니가 들려주는 옛날 이야기' 같은 느낌을 갖게 하는 좋은 글이라는 생각이다. 한희순씨는 본인이 담당하고 있는 문예창작반 몇 년 전에 등장한 늦깎이 수강생이다. 언제나 조용히 앉아서 강의를 듣는 범생이 같으면서 작품 합평회 시간에서는 여러 편의 작품을 제출하는 의욕을 보이고 있다. 그의 작품은 일상에서 얻은 경험을 바탕으로 하고 있다. 그래서 특출 나게 보이지 않지만 읽으면 읽을수록 무엇인가 맛있는 느낌으로 다가선다. 마치 기름진 음식에 길들여진 우리가 보리 열무 비빔밥을 먹을 때 왠지 모르는 정겨움에 후딱 한 그릇을 비우는 것과 같은 정서를 보여주고 있다. 지금처럼 언어가 다 파괴된 SNS시대에 한희순씨가 조곤조곤 들려주는 옛날이야기를 담은 시들은 신선한 친근감으로 주목받을 것이라는 판단이다.

2. 아버지의 긍정적인 영향력이 담긴 작품

한희순씨의 작품에는 아버지의 그림자가 참으로 많이 등장하는 것이 특징이다. 아버지에게 특별한 영향을 받은 딸을 심리학자들은 '아버지의 딸(father's daughter)'으로 표현을 한다, 즉 아버지는 딸에게 긍정적 또는 부정적 영향을 미친다는 판단이다. 긍정적인 영향으로 자란 딸은 자기 주도적으로 세상에서 자리 잡아 간다고 한다. 그러나 부정적 영향을 받은 딸은 아버지 영역에서 벗어나기 위해 무리를 하게 되며 그때마다 곤경에 처하는 것으로 분석하고 있다. 이런 이분법으로 보면 한희순 씨의 아버지는 긍정적인 영향력을 미친 것을 여러 편의 작품에서 보여주고 있는데 몇 편을 소개해 보면 다음과 같다.

어디선지 아버지가 우릴 지켜보다가 오면서 환하게 웃었다.//아버진 항상 현장에서 산교육을 시켜주었다. 아버지의 교육은 항상 무슨 일이 있어도 그 일을 헤쳐 나가야 한다고 했다. 그 사랑이 담긴 목소리들이 아직도 내 삶의 지표가 되고 있다.

-「옥수수 장사」일부 발췌

아버지가 외출을 하려면 나는 먼저 몰래 나가서 밖에서 기다리곤 했다./그런 나를 아버진 무척 예뻐했다/난 그 이후에도 엄마 몰래 아버지의 짐차 자전거를 많이 탔다.

-「짐자전거」일부

어느 날 밤에 아버지랑 엄마랑 얘기 하는 소리가 잠결에 들렸다./'우리 애들은 숙기가 없어서 걱정이야'/'세상 살기가 힘든 세상이야 어떤 상황이 와도 강해지려면 남한테 아쉬운 소리도 해야 해 세상은 쉬운 게 없어'/아버지는 우리를 강하게 키우고 싶어 하셨나보다.

-「연장」일부

아버지는 항상 바쁘다./밤에는 대바늘로 내복을 실로 떠서 주었다./까실해서 입기는 싫었지만 추운 겨울엔 입을 수밖에 없다./내복에 구멍이 나면 다시 꿰매주었다./장갑, 목도리도 아버지 작품이다.

-「내복을 떠서 준 아버지」일부

첫번째로 인용한 「옥수수 장사」에서 아버지의 깊은 마음이 담겨 있다. 언니와 한희순씨에게 아버지는 갑자기 옥수수를 팔아 오라고 시킨다. 두 자매는 아버지의 엄명이라 서툴게 장사를 한다. 결국 옥수수를 다 팔지 못했지만 그것을 지켜보던 아버지가 아이스크림을 사주면서 '남에게 아쉬운 소리를 해야 강한 사람이 된다.'는 것을 몸소 가르치려고 했다는 것을 알게 한다. 세상 어느 부모도 자기 자식을 시장 저자거리에 장사를 하라고 내몰지 않는데도 아버지가 그렇게 한 것은 진짜 아끼고 있었다는 것을 보여주고 있다. 이런 아버지는 「연장」에서 한희순 씨에게 이웃집에 가서 연장을 빌려 오는 심부름을 시키는 것도 「옥수수 장사」와 같은 맥락이다. 세상을 제대로 살기 위해서는 남에게 아쉬운 소리를 할 줄 알아야 한다는 것을 직접 체험하도록 교육 시키려는 본심이 숨겨져 있다. 이 시 두편을 보면 아버지가 아주 냉정한 사람처럼 착각하게 만든다. 그러나 실제로는 엄마 몰래 「짐자전거」에 딸을 태우는 아버지의 모습에서 보이는 다정함을 갖고 있으면서 겨울에는 사랑하는 딸을 위해 손뜨개질을 할 줄 아는 요즘 말로 SNS에서 사용하고 있는 '츤레데(겉으로 쌀쌀하지만 속은 그렇지 않은 심리)'의 전형이었던 것으로 보인다. 이런 아버지를 잘 알고 있던 한희순 씨는 솔직한 그리움을 시편에 담았는데 그 내용은 다음과 같다.

  늘 환하게 웃으면 눈가에 주름이 깊게 파인
  인자한 모습이 눈에 선합니다
  함박웃음이 늘 눈가, 입가에
  머물렀던 다정한 분
  아무리 힘들고 어려운 삶이였을지라도
  그 삶의 무게 앞에서 늘 웃던 모습
  아버지의 딸은 웃음 뒤에 슬픔을
  기억 합니다
  팔십 평생 삶의 고뇌 속에서 아프다 힘들다
  소리 한번 안하고 삶의 무게를 뒤에 감추고
  항상 웃음 속에 삶이 있었지요
  아버지의 눈물을 압니다
  (일부생략)
  삶의 무게를 고스란히 짊어지고
  자식들 앞에 아무것도 보이지 않고
  그저 껄껄껄 웃으시던 아버지의 삶을 사랑합니다.

                              -「내복을 떠서 준 아버지」 일부

이 글의 생략된 부분에는 작가의 아버지 삶의 이력이 나와 있다. 북한에 부모님과 부인, 형제와 누나를 두고 온 실향민인 아버지는 일제 강점기와 한국 전쟁을 이겨낸 사람이다. 그렇게 역사의 질곡을 경험하면서 자식들을 강하게 키우기 위해 마음에도 없는 옥수수 장사를 시키고 집에 연장이 있으면서 이웃에 빌리러 보내는 경험을 시킨 것이다. 어찌 보면 차가운 가부장으로 보이지만 실제 한희순 씨의 시들을 보면 자식을 끔찍하게 아꼈던 행동이 곳곳에 드러나고 있다. 몇 가지 예를 들자면 엄마 몰래 돼지 판돈을 이십만 원을 비상금으로 주었던 「아버지의 용돈」, 아버지가 둘째인 내가 아들이길 바라셔서 늘 일터에도 장에도 나를 데리고 다녔던 「소 팔러 장에 간 날」, 아버지는 알을 들어 올리면서 한 잎 베어 물고 나머지를 내 입속에 넣어 주면서 꿀꺽 삼키라고 했다는 「도룡용」 등에서 아버지의 정이 느껴진다. 특히 도룡용 알은 허리에 좋다는 민담이 있어서 당신이 먹으면서 나머지는 한희순 씨에게 주는 모습에서 자식에 대한 사랑을 엿 볼 수 있다. 아버지와 함께 했던 일들이 수많은 작품에서 묘사되고 있는데 한희순 씨를 아들처럼 믿고 의지했기 때문에 전 재산 1호였던 소를 맡기고, 출산을 앞둔 암소를 맡길 수 있었던 것으로 보여 진다.

3. 외할머니와 가족들의 정이 넘치는 이야기가 담긴 詩

우리 문단에 작가에게 외할머니는 창작하기 좋은 소재이다. 왜냐하면 이름만 불러도 다정한 느낌으로 다가 올 뿐만 아니라 내가 생떼를 부려도 다 받을 줄 것 같은 넉넉함을 가진 대상이기 때문일 것이다. 그런 연유로 많은 작품들이 발표 되고 있는데 나태주 시인의 「외할머니」, 손택수 시인의 「외할머니의 숟가락」, 문태준 시인의 「외할머니의 시 외는 소리」 등이 유명한데 그

중에서 단연 돋보이는 것은 서정주 시인의 시 중에 '외할머니의 얼굴과 내 얼굴이 나란히 비치어 있는 이 툇마루에까지는 어머니도 그네 꾸지람을 가지고 올 수 없기 때문입니다.'로 끝나는 「외할머니의 뒤란 툇마루」이다. 아무리 잘 못을 해도 어머니가 범접할 수 없는 포용력을 주제로 쓴 작품인데 한희순 씨의 글에서도 그런 공감을 느끼게 만드는 함이 있는 읽어보면 다음과 같다.

    할머니 손에서 자란 나는 엄마 아버지보다 더 많이 좋아했다. 늘 치맛자락을 잡고 다녔다. 부모님은 일이 많고 너무 바빠서 어린 기억에 잘 때나 아침밥을 먹을 때 외엔 본 기억이 잘 나지 않았다.

-「할머니와 뱀」부분

    할머니는 학교가기 전에 항상 엄마 몰래 나를 불렀다. 끝나고 오면서 맛있는 거 사먹으라고 얼른 가져가라며 50원을 손에 쥐어주었다.

-「용돈」부분

    태어나면서 할머니 손에서 자란 나는 엄마보다 좋았다.
    할머니는 내 삶에 전부였다.
    내가 있는 곳이면 항상 있었다.

-「외할머니」부분

    인용된 글을 보면 작가의 어린 시절에 외할머니는 엄마 역할을 하고 있었다는 것을 알 수 있다. 작가는 부모보다 더 많이 좋아했음을 고백하고 있다. 항상 일에 쫓겨서 잠을 잘 때나 밥을 먹을 시간 이외에는 외할머니와 보내면서 어린 시절을 지낸 것 같다. 외할머니는 뛰어난 감수성을 가져서 「할머니와 뱀」에서 집안으로 들어오려는 뱀을 보고 "이놈 저리 안가, 저리 가, 딴 데 가서 놀아라'라고 하고 「제비」에서 떠날 준비를 하는 것을 보고 '정주지 마라 정주지 마'하는 부분은 동물을 하나의 인격체로 대하고 있다는 것을 알 수 있다. 이런 정서가 어린 한희순 씨의 어린 시절 감수성에 정립 되면서 시인이 되는 감성이 된 것이라 할 수 있다. 또 외할머니는 「용돈」에서 묘사 된 것 같이 엄마 몰래 손녀가 배가 고플까봐 용돈으로 거금 50원(1970년대 과자 바나나킥 145g이 50원, 지금은 2,100원)을 선 듯 주던 분으로 작가에게는 큰 의지가 되는 그늘이었다. 그런 외할머니가 83살 되던 해에 세상을 떠났는데 그때 작가는 '할머니는 내 삶에 전부였다./내가 있는 곳이면 항상 있었다.'는 표현으로 소중한 사람이었다는 고마움을 표현하고 있다. 외할머니가 자신이 애지중지 키웠던 손녀가 시집을 발간했다는 소식을 들으면 하늘나라에서도 대견스럽게 생각하고 있을 것이라 생각하지 않을 수 없다.

이밖에도 가족들 일상사가 담긴 시편들이 여러 편 보이는데 대표적인 것을 소개해 보면 다음과 같다.

막내 남동생이 아버지 오십에 얻었다 해서 울 집 귀한 도련님었는데 어릴 적 약하게 태어나서 엄마는 걱정을 했다. 어디서 들었는지 청개구리를 잡으면 아주 가끔 배추김치에 싸서 동생 몰래 먹이는 걸 보았다.
-「청개구리」 부분

이른 아침 미처 얘기 못한 언니가 돈을 달라며
학교 안 간다고 울고
여동생은 학교 가기 싫다고 운다.
-「고집」 부분

처음 소개한 글은 귀하게 얻은 아들 미래를 위해 엄마가 청개구리를 잡아서 배추김치에 싸서 먹이는 내용이 나온다. 의학이 발전하지 못했던 시절이고 병원에 가는 일은 재산 일부를 팔아야 하는 경제적 부담이 큰 시대라 민간요법에 의지해야 하는 우리의 가난한 자화상을 볼 수 있다. 가난한 살림이라 민간요법으로라도 자식의 병을 고치고 싶어 하던 엄마의 간절함이 보이는 작품이라는 판단이다. 이어서 두번째 소개된 「고집」에서는 학교 준비물 때문에 아침에 소동이 일어나는 상황이 그려지고 있다. 준비물을 구입해야 하는 것을 늦게 이야기한 언니를 보면 한희순 씨와는 다른 느긋한 성격을 가졌던 것으로 묘사되고 있다. 그런 언니가 동생을 가르치기 위해 돈을 벌어서 다리가 있는 흑백「텔레비전」을 사가지고 와서 마을에 TV가 세 대 밖에 없는 바람에 단연 인기를 끄는 내용에서 언니의 희생이 보인다. 1790년대에는 가족을 위해 학업을 포기하고 일터로 나서야했던 소녀들의 숨겨진 아픔이 숨겨져 있다는 것을 우리는 한시도 잊어서는 안 될 것이다. 가족을 위해 자신을 희생했던 언니, 오빠들이 있었고 그들의 땀과 눈물을 참아가며 했던 뒷바라지가 지금 우리나라 근간이 되었다는 사실을 다시한번 생각하게 만드는 작품이라는 생각이다.

4. 잃어버린 그 시절 놀이가 있는 작품

지금은 SNS(social networking service) 시대이다. 원문 그대로 해석을 하면 '온라인상에서 이용자들이 인적 네트워크를 형성할 수 있게 해주는 서비스'라는 의미이다. 즉 온라인만 있으면 모든 삶이 해결 된다. 세계적인 미래 학자인 앨빈 토플러가 1980년에 저서에서 주장한 『3의 물결(The Third Wave)』이

도래하고 있는 중이다. 모든 일을 온라인에서 해결 할 수 있다면 인간은 혼자서 생활을 할 수 있다. 즉 전통 사회라는 것이 무용지물이 되는데 문제는 개인주의가 팽배해서 이기주의가 만연하게 된다는 점이다. 이런 현상 앞에서 많은 사회학자들이 반드시 복원해야 한다는 것이 전통 놀이 되찾기이다. 전통 놀이에는 지역과 인문 환경을 반영한 문화유산으로 사회적 유대감을 강화 시키면서 각 세대 간의 연결 고리를 구축하는 기능이 지금 사회에 필요하다고 주장하고 있다. 그런 의미에서 한희순 씨의 작품 중에서 우리가 옛날에 즐겨했던 놀이들을 소재로 쓴 시편들은 중요한 것이라는 판단이다. 당시의 전통 놀이에는 친구들이 있고 주변에 있던 것이 모두 놀이기구가 될 수 있었다. 지금 시각에서는 비위생적이라는 지적이 있겠지만 당시에 어린이들은 모두 건강했고 친구들을 배려하는 사회성이 있었다는 점을 간과해서는 안 될 것이다. 우선 한희순 씨가 소개하는 옛날 전통 놀이를 담은 시를 읽어보면 아래와 같다.

집안에 종이는 모두 접어놓는다. 빳빳할수록 좋았다. 크고 단단할수록 이길 수 있다. 웃방에 가득 쌓아놓고 들고 나가면 언제나 친구들이 기다리고 있었다.
ㅡ「딱지치기」 부분

'딱' 하고 날아가면 너무 신나서/'더 멀리 더 멀리 날아라' 응원도 하고 소리로 지른다.
ㅡ「자치기」 부분

좋은 돌을 잔뜩 주워 놓고/'얘들아 놀자 뭐하고 놀까' '망까기 하자' 하면/심심했던 애들이 모인다.
ㅡ「망까기」 부분

큰 원을 그려놓고 그 안에서 땅 따먹기를 한다./내 시작점에 작은 손으로 크게 원을 그린다.

-「땅 따먹기」 부분

　소개된 시의 제목을 보면 6070세대들은 즐겨 했던 놀이라고 공감할 것이다. 당시에는 친구 몇 명만 보이면 즐겁게 놀 수가 있다. 학교가 끝나면 학원조차 없어서 할 수 있는 것이 친구들과 노는 것이 전부였다. 패를 나누어서 놀이를 하다보면 우리에게 필요한 단결성, 사회성이 길러지면서 이기고 지는 결과에 토를 달 수 없는 것이 불문율이기도 했었다. 이런 놀이를 통해서 하나의 공동체가 만들어지고 어른이 되어서도 소속 집단에 대한 애정이 변하지 않은 것이다. 이런 전통 놀이의 특징은 도구가 주변에 흔한 것이라는 점이다. '딱지치기=집안에 두꺼운 종이' '자치기=나무' '망가기=돌' '땅 따먹기=사금파리' 이렇게 보면 전통 놀이의 도구는 쉽게 구할 수 있는 것으로 모든 것이 놀이 도구가 될 수 있었다. 지금 놀이를 하기 위해 PC방에 가고 스마트폰으로 게임이나 유튜브를 보는 것과는 차원이 달랐고 당시에는 소중한 친구가 많았다는 점에서 과거로 돌아가는 것이 인간성 회복이라는 생각을 해 보게 된다. 한희순 씨의 글을 읽다보면 내가 옛날로 돌아가서 즐거운 놀이를 하고 있는 것으로 착각하게 만드는 매력이 있다. 정월 대보름 전후로 밤에 모여서 했던 「깡통 돌리기」, 어릴 때 나는 구슬 부자로 만들었던 「구슬치기」, 머리 핀 따먹기 하던 「핀치기」, 한 겨울의 주인공 「썰매」, 「연날리기」와 영화 제목으로 등장했던 「무궁화 꽃이 피었습니다」, 「널뛰기」, 「그네」 등을 잔잔하게 읽어주는 것 같은 기법으로 표현해서 독자들에게 주목 받을 것으로 기대 되고 있다.

　또한 작가는 여자라면 피하고 싶을 것 같은 「사슴벌레」, 「청개구리」, 「제비」,「개구리」,「죽은 뱀」,「도마뱀」 등을 직접 만지고 장난감처럼 갖고 노는 경험을 사실적으로 묘사를 하고 있어서 새로운 면을 발견하게 만든다. 눈 여겨 볼 것은 여러 동물들에게 피해를 입히기 보다는 하나의 생명체로 또는 친구처럼 대하고 있어서 생명 존중 사상이 글의 기본적 구조로 자리 잡고 있음을 보여 주고 있다는 점이다.

5. 향수에 젖게 하는 학창시절 이야기

글을 쓰는 사람 입장에서 나는 복잡한 사회 현상을 이론에 근거해서 설명하는 것을 꺼리게 된다. 문학이 속한 예술은 설명되는 분야가 아니라 직접 느끼는 직관이다. 그럼에도 언급해야 하는 이유는 경계를 확실히 하는데 최적 수단이기 때문이다. 한희순 씨의 작품에는 미국의 사회학자 쿨리가 주장한 1차 집단과 2차 집단을 주제로 한 작품으로 분명히 나누어져 있다. 앞에서 설명한 작품들은 가족, 놀이, 집단, 촌락, 이웃들이 주인공인 1차적 집단이고 학교생활이 주제가 된 것은 특정한 목적을 바탕으로 만났던 2차적 집단 이야기이다. 주변 소재나 놀이를 바탕으로 한 글보다는 다른 성향을 보이고 있는데 이것을 소개해 보면 다음과 같다.

학교까지 4키로를 걸어 다녔다./냇가를 건너서 마을들을 지나서 산을 넘어서야 학교가 보였다/학교만 갖다 오는데도 너무 멀고 힘들었다./어릴 때 소원이 학교에서 가까운데 사는 애와/가게 방을 하는 친구가 너무 부러웠다/나의 초등학교 시절은 추억이 많았고/행복한 시간으로 지나갔다.

-「초등학교 이야기」 부분

'선생님 수니가 일등으로 들어온다.'고 야단법석을 떨고 있었다./난 친구들에게 아직 한 바퀴가 남았으니 더 뛰어야 한다고 계속 뛰어가고 있던 중/선생님은 아이들 소리에 내 얘기는 듣지도 않고/나부터 일등 이등 삼등을 하고 있었다.

-「꼴찌에서 일등으로」부분

위에 글들은 한희순 씨의 초등학교 시절 추억을 담은 것이다. 내용을 보면 당시 열악했던 교육 환경을 엿 볼 수 있다. 겨울 여덟살 짜리 여학생이 십릿길을 왕복하면서 학교에 가야 했고 부실한 다리를 건너고 마을을 지나서 다시 산을 넘어가야 하는 고난의 길... 지금 부모들이 아이들을 자가용에 태우고 픽업하는 것은 상상도 못하던 시절이었다. 여기에다가 교실이 부족해서 오전, 오후반으로 나누어 2부제 수업을 했고 학교 급식은 생각도 못하고 도시락을 싸가지고 다녀야 했다. 또 의무 교육 제도를 운영했음에도 「교과서」에 나오는 것처럼 헌책을 반납하고 새 책을 받아야 했었다. 학교에서는 새 책이 학생 숫자보다 부족해서 반납 받은 것 중에 쓸만한 것을 나누어 주었다. 이렇게 등학교 8km를 매일 걸어야 하는 한희순 씨는 작품 「원기소」에서 묘사 된 것처럼 키가 작아서 '농 위에 있는 원기소를 꺼내려고 의자를 놓고 그 위에 베개 베개 위에 또 베개를 놓고 올라갈' 정도였다. 이렇게 다른 학생들 보다 덩치가 작아서 매일 고난의 길이어서 어릴 때 소원이 학교에 가깝게 사는 친구와 가게를 해서 군것질을 마음껏 할 수 있는 아이였다고 고백하고 있다. 지금 생각하면 가혹한 학교생활이었지만 「초등학교 이야기」에서 '행복한 시간으로 지나갔다.'라고 쓴 것은 긍정적인 사고방식 소유자라는 것을 반증하고 있다.

두번째 인용한 -「꼴찌에서 일등으로」는 덩치가 작아 항상 전 학년 달리기에서 꼴등을 하는 한희순씨가 일등으로 둔갑한 사건을 형상화 한 것이다. 다른 친구들 보다 한 바퀴 뒤떨어졌어도 포기하지 않고 달리는데 언 듯 보기에는 선두에 있는 것 같아 착각이 빚은 참사(?)이다. 얼떨결에 1등이 돼서 시상대에 섰지만 양심에 가책을 받아서 담임선생님에게 고백을 했지만 '괜찮아' 하고 넘어 가는 아량을 보면, 당시 교육이 얼마나 인간적이었는지 알 수 있게 만든다. 당시 현장에 있었던 선생님들은 한희순 씨의 상황을 알고 있었지만 '단골 꼴지를 일등으로 만들고 싶었던 마음'이 모여진 결과라는 생각이다. 교육은 지금처럼 경쟁이 아니라 타인을 위한 배려가 중요하다는 것을 알게 해 주는 사례일 것이다.

초등학생에서 중학생으로 바뀌면 모든 생활이 달라진다. 우선 교복을 입어야 했고 규율이 엄격했었다. 또 학생들은 사춘기에 접어드는 질풍노도의 시기에는 이성 보다 감성이 앞서서 이성에 대한 호기심이 작용할 시기이다. 한희순 씨는 중학교 생활에서 겪었던 여러 이야기를 작품으로 창작했는데 밤늦게 귀가 하는데 집까지 따라온 남자를 주제로 쓴 「유리창」, 밤늦게 까지 모여 보낸 추억을 쓴 「시험공부」, 버스에서 교복 입은 언니를 치한에게서 구해 주던 「만원버스」 등에서는 그 시절 낭만과 사연들을 1986년 9월 17일부터 MBC에서 방송하던 《그때를 아십니까》를 보는 것 같은 재미를 느끼게 만든다.

6. 더불어 사는 세상에 대한 갈망이 담긴 글들

필자에게는 문예창작 강의를 하고 있다는 이유로 결혼을 하기 위해 한국으로 이주한 다문화 여성들을 가르치는 강단에 오랜 시간 선 경험이 있다.

주로 동남아권 여자들이었는데 가장 놀랐던 것이 그들의 학력이 고등교육을 받은 엘리트들이었다는 현실이었다. 고학력임에도 우리나라 농촌 남자들에게 시집을 온 것은 그 나라의 국력이 빈약하기 때문이었는데 우리나라도 1960~70년대는 그들과 별반 다를 것이 없었다. 지금 우리가 누리는 것들은 과거 우리 부모님들의 희생 위에서 만들어졌다는 것을 알아야 하며 반드시 기억해야 한다는 생각이다. 그런 의미에서 한희순 씨가 이번 시집에서 보여주고 있는 과거 이야기를 작품화 한 것은 특별히 정독할 필요가 있어 보인다. 특히 눈 여겨 봐야 할 부분은 작가의 가정도 넉넉하지 못하면서도 어려움에 빠진 사람들에게 도움의 손길을 망설이지 않고 내미는 모습으로 몇 작품을 소개해 보면 다음과 같다.

　물이 빠질 때를 기다리면서 엄마는 음식 만들고 잠자리 만들어 주냐고 바빴다. 저녁을 먹고 옥수수, 감자를 가마솥에 한 솥 쪄서 먹으면서 아줌마들은 툇마루에 앉아서 걱정을 한다. 아저씨들은 마당에 불을 피우면서 막걸리 한잔에 시름을 놓았다.

-「물난리」부분

　매일 아침손님이 있다./밥 먹을 때 쯤 빼 놓지 않고 와서/밥 한 술 뜨고 머뭇머뭇 아버지 눈치를 본다./'우리 애가 학교를 안 가요 돈 줘야 간다고' '돈 좀 빌려줘요'/아버지는 주머니에서 얼른 꺼내준다.

-「아줌마」부분

　할머니는 지나가는 사람도 배가 고프다고 하면/꼭 상에다가 밥이며 반찬을 정갈하게 담아서 깔끔하게 차려 주었다./그냥 바닥에 대충 준 적이 없다.

-「거지 할아버지」부분

집 큰 대문 앞 텃밭에 볏짚을 쌓아 놓은 곳에 문둥 병 할아버지가 살았다./ 싸리문은 항상 열려 있고 그곳으로 드나 들어서 나무 큰대문은 거의 빗장으로 닫혀 있었다./문을 사이에 두고 할아버지는 그곳에 주로 있었다./할머니가 먹을 것을 노상 챙겨다 주었다.

-「문둥병」부분

가끔 집에 오는 새댁이 있다./애기를 등에 업고 오는 데 할머니는 오자마자 밥이며 먹을 걸 챙겨준다.

-「젊은 새댁」부분

한희순 씨가 살던 어린 시절은 우리나라가 산업화를 시작하던 단계로 춥고 배고프던 시절이었다. 모든 것이 부족한 상황에서는 자기 것을 챙기기에 바쁜 세상이고 빨래를 해 놓은 것을 훔쳐가는 「이불 도둑」이 등장했고 땀 흘려 수확해서 말리는 농산물을 차로 싣고 가는 「고추 도둑」이 기승을 부리는 가혹한 세상이었다. 이런 세상에서 한희순 씨의 가족이 보여주고 있는 더불어 나누며 사는 삶은 우리 민족이 발전하는 근본이 되었다는 생각으로 글을 읽어 보면 우선 「물난리」에서 동네 사람들이 홍수를 피해 작가의 집으로 피난을 오면 어머니가 대접을 하는 장면이 등장한다. 자신들의 모든 것이 다 떠내려 보낸 수재민들에게 따뜻하게 음식을 대접하고 옥수수, 감자를 가마솥에 한 솥 쪄서 내 놓은 어머니의 배려를 보고 자란 것은 작가 살아가는데 소중한 교육이 되었을 것 같다. 두번째에 「아줌마」에서는 가난해서 매일 아침 찾아와서 밥을 먹고 자식들을 줄 돈을 빌려 달라는 것에 거절하지 않는 아버지의 모습이 등장한다. 자식들에게는 옥수수 장사를 시키고 연장을 빌려 오도록 교육하던 아버지가 타인에게 보여주고 있는 나눔 선행을 묘사한 글을 읽을 때 우리 전통 아버지 像이 보이는 듯하다. 세번째, 네번째 다섯번째 작품에 등장하는 할머니는 「거지 할아버지」에서 음식을 대접할 때는 대충 차려주는 법이 없이 꼭 상에다가 밥이며 반찬을 정갈하게 담아서 깔끔하게 대접을 하는 모습을 그리고 있다. 이것은 인간을 인간답게 대하려는 인본근본주의 사상을 보여주고 있는 것이다. 이런 생각은 「문둥병」과 「젊은 새댁」에서 할머니가 보여주고 있는 행동에서 과거 우리 조상들이 얼마나 인간적이었는지를 보여주고 있이시 읽으면 읽을수록 가슴이 따스해지는 느낌으로 남는 여운이 있다. 결론적으로 말을 하자면 다른 사람에 대한 정과 인간미가 넘치는 가족을 보고 자란 한희순 씨의 인성도 같을 것이다. 왜냐하면 언제나 '콩 심은데 콩이 나고, 팥을 심은 밭에서는 팥이 나는 것'이 한치 양보도 없는 세상 이치이기 때문이다.

7. 마무리

한희순 씨는 이번 시집을 발간하면서 시인이라는 칭호를 얻는다.
우리 문단은 작품집을 발간하면 정식 작가로 인정을 하는 것이 원칙이다. 우선 그 동안의 노고에 축하 한다는 말을 전하고 싶다. 돌아보면 한희순 시인은 습작기부터 포기하지 않고 글을 쓰는 끈기를 갖고 있었다. 문예창작 시간 합평회 시간에 글을 제출하지 않아서 이유를 물어보면 '글 방학 중'이라는 답을 했었다. 이 말은 방학이 끝나면 학기를 시작하듯이 열심히 글을 쓰겠다는 각오라고 생각하고 기대하고 있었다. 이번 시집은 1년 넘게 글방학을 마치고 열정적으로 창작한 시편들을 모아서 발간한 것이다. 작품집에는 작가가 추구하는 세계 즉 명확한 주제가 정리되어야 한다. 한희순 시인이 작품집에는 1998년 만화로 출간돼 오랜 기간 인기를 끌었던 『짱뚱이의 나의 살던 고향은』(작가 오진희) 시리즈를 보는 것처럼 옛날에 있었던 일을 하나하나 정리를 한 특징이 있다. 이번 시집에서 옛날 추억을 모아서 정리하는 것은 새로운 시 세계로 나가는 발판이 될 것이라는 기대를 갖게 한다는 의미에서 특별하다는 생각이다.

  글은 하루아침에 발전하지 않는 것이 특징이다. 마치 마을에 심은 가로수가 그대로 있는 것 같지만 어느 날 돌아보면 커다란 나무가 되어 있는 것처럼 창작도 하루 하루의 노력이 쌓여서 자기만의 세계가 완성 된다는 점을 잊지 않았으면 한다. 마지막으로 「눈 위의 선명한 핏자국」의 시작 부분에서 묘사한 '책 읽기를 좋아한다./공부보다 책 읽는 게 재밌어서 틈만 나면 읽었다./학교에서도 친구 집에 놀러가도 책만 보면 무조건 빌려와서 밤새 읽고…' 이 때의 감정을 잊지 않고 작품 활동에 매진하면 분명히 주목 받은 한희순 시인이 될 것이라 믿으며 글을 마친다.(終)

2024년 초겨울

어린날의 나를 담다 강남구 하일동 659번지

주 저 자 한 희 순
발 행 일 2024. 02. 21
출 판 사 도서출판 애플북
I S B N 979-11-93285-76-3 (03810)
발 행 처 도서출판 애플북

이 책은 저작권법에 따라 보호받는 저작물이므로
무단 전재와 무단 복제를 금지합니다.